Así es

Cuaderno de actividades y Manual de laboratorio

Así es

Cuaderno de actividades y Manual de laboratorio

FOURTH EDITION

Nancy Levy-Konesky
Yale College Teacher Preparation Program

Karen Daggett
Boston College

THOMSON
HEINLE

Australia Canada Mexico Singapore Spain United Kingdom United States

THOMSON

HEINLE

Así es Cuaderno de actividades y Manual de laboratorio / Fourth Edition
Nancy Levy-Konesky, Karen Daggett

Publisher: *Janet Dracksdorf*
Acquisitions Editor: *Helen Richardson*
Associate Production Editor: *Diana Baczynskyj*
Director of Marketing HED: *Lisa Kimball*
Associate Marketing Manager: *Elizabeth Dunn*
Manufacturing Manager: *Marcia Locke*

Compositor: *Nesbitt Graphics, Inc.*
Project Manager: *Bridgett Dougherty*
Photo Manager: *Sheri Blaney*
Cover Designer: *Joseph Sherman*
Printer: *Globus Printing*

Cover Image: © Miguel S. Salmeron / Getty Images

Printed in the United States of America.
1 2 3 4 5 6 7 8 9 10   06 05 04 03

For more information contact Heinle, 25 Thomson Place, Boston, Massachusetts 02210 USA, or you can visit our Internet site at http://www.heinle.com

For permission to use material from this text or product contact us:
Tel   1-800-730-2214
Fax   1-800-730-2215
Web   www.thomsonrights.com

0-8384-5928-5

Contenido

Cuaderno de actividades

Manual de laboratorio

Cuaderno de actividades

Lección preliminar

¡Bienvenidos!

A **¿Qué responde Ud.?** *(What do you answer?)* *Complete the following conversations with the appropriate expressions from pages 3, 4, and 7 in your textbook.*

Conversación 1:

—Buenos días, Sra. Martínez.

—_____, Srta. Gómez.

—¿_____?

—Bien, gracias. ¿_____?

—_____.

—Bueno._____.

—Adiós. Recuerdos a la familia.

Conversación 2:

—_____, Rafael. ¿_____?

—Nada en especial. ¿_____?

—Regular. Bueno, voy a *(I'm going to)* clase. ¡_____!

—Hasta luego.

Conversación 3:

—Buenas. _____ Enrique Solá.

—_____. Yo _____ Cristina Fernández.

_____ a mi amiga Beatriz Muñoz.

—_____, Beatriz.

—_____, Enrique.

B ¿Qué tal? *(How are you?)* *How do you answer the question* **¿Qué tal?** *in the following situations?*

¿Qué tal?

1. You feel great. You just got an A in Spanish, had your first book published, and won the lottery.

    You answer: _____

2. You feel terrible. You lost your wallet, your dog, and your best friend.

    You answer: _____

3. You're fine and want to answer in the most polite way you know.

    You answer: _____

4. You're fair. It's a normal day, and not much is going on.

    You answer: _____, or _____, or _____.

C La cortesía *(courtesy).* *What do you say in the following situations? Refer to the expressions on page 4 in your textbook.*

1. Someone gives you a gift. _____

2. Someone offers you something to eat and. . .

    you're hungry. _____

    you're not hungry. _____

3. Someone thanks you for your help. _____

4. You bump into someone in the hall. _____

5. You interrupt a meeting. _____

6. You reach for something and have to lean over the person seated next to you. _____

D Aviso cultural *(Greetings).* *Would Hispanic friends shake hands or kiss one another on the cheek in the following situations?*

1. Two female friends run into each other on campus. _____

2. Two male friends see each other in the cafeteria. _____

3. A male and female student meet in the bookstore. _____

E **La pronunciación.** *Pronunciation varies regionally in the English-speaking world as well as the Spanish-speaking world. How many accents do you know? Pronounce the following words using the regional pronunciation indicated.*

1. car (Boston)

2. coffee (New York)

3. hi (Texas)

4. rather (England)

Now let's compare the pronunciation of Spanish from various regions of the Spanish-speaking world. Pronounce the following words using the regional pronunciations discussed on page 9 in your text.

1. civilización *(Spain)*

2. yo *(Argentina)*

3. Barcelona *(Hispanic country other than Spain)*

Now pronounce the following sentence using each of the pronunciations indicated above.

Yo me llamo Yolanda Velázquez García.

F **El alfabeto *(The alphabet).*** *Fill in the missing letters of the Spanish alphabet. Then answer the questions that follow.*

a b ___ d ___ ___ g ___ i j ___ l ___ n ___ o ___ q r ___ s t ___ v w ___ y ___

1. How many letters are in the Spanish alphabet? _____

2. What letters are in the Spanish alphabet that are not in the English alphabet? _____

G **Los nombres *(The names).*** *Write out the names of the following Spanish letters.*

MODELO *ñ = eñe*

1. g _____   6. x _____

2. h _____   7. rr _____

3. j _____   8. l _____

4. c _____   9. y _____

5. w _____   10. z _____

H **Los diptongos (Diphthongs).** *In the first column, list all of the days of the week that contain diphthongs. In the second column, list those that do not.*

I (Días con diptongos)	**II** (Días sin diptongos)
1. _____	1. _____
2. _____	2. _____
3. _____	3. _____
	4. _____

I **Entre nosotros (Between us).** *Find the Spanish subject pronoun in the second column that best corresponds with the words in the first column.*

1. Nicolás	ellos
2. Héctor y *(and)* José	vosotras
3. you (a friend)	yo
4. you (your professor)	nosotros(as)
5. yourself	Ud.
6. Marta y María	tú
7. yourself and a female friend	él
8. you (two female friends—Spain)	ellas

J **Los sujetos (The subjects).** *Give the appropriate subject pronouns.*

1. I _____

2. you (your roommate) _____

3. you (the Dean of the College) _____

4. you (your classmates) _____

5. Rafael _____

6. Raquel _____

7. Marco y yo _____

8. Ema y Rosa _____

9. Ema, Rosa y Carlos _____

10. José y Carlos _____

K **Ejemplos (Examples).** Give two examples of when you would use the following subject pronouns.

MODELO tú
with my mother; with my cousin

1. Uds. _____   4. Ud. _____

2. vosotros _____   5. vosotras _____

3. tú _____

L **Así soy yo (I'm this way).** Fill in the spaces below with the correct forms of the verb **ser** (to be).

1. yo _____   6. nosotros _____

2. tú _____   7. vosotros _____

3. él _____   8. ellos _____

4. ella _____   9. ellas _____

5. Ud. _____   10. Uds. _____

M **Descripciones (Descriptions).** Describe the following people. Use adjectives from the list below and the verb **ser**. Follow the model.

Adjetivos: amable *(nice)*, diligente, egoísta, idealista, inteligente, interesante, materialista, optimista, paciente, pesimista, realista, responsable

MODELO El presidente
El presidente es responsable.

1. Mother Teresa _____

2. Mr. Rogers _____

3. Madonna _____

4. El estudiante _____

5. El profesor _____

6. El presidente de los Estados Unidos _____

7. Dan Rather _____

8. Yo _____

N **Preguntas (Questions).** *Answer the following questions with complete sentences.*

1. ¿Cómo es Ud., optimista o pesimista? _____

2. ¿De dónde es Ud.? _____

3. ¿Quién es el (la) profesor(a)? _____

4. ¿Eres norteamericano(a) o sudamericano(a)? _____

5. ¿Quién es una persona famosa? _____

O **Más preguntas (More questions).** *Write three questions in Spanish that you would like to ask a famous person.*

Persona: _____

Preguntas: 1. _____

            2. _____

            3. _____

P **Estoy bien, gracias, ¿y… ? (I'm well, thank you, and . . . ?)** *Fill in the blanks with the correct forms of the verb* **estar** *(to be).*

1. yo _____

2. tú _____

3. él _____

4. ella _____

5. Ud. _____

6. nosotros _____

7. vosotros _____

8. ellos _____

9. ellas _____

10. Uds. _____

Q **Escenas (Scenes).** *Look at the following drawings and answer the questions using the verb* **estar** *and the vocabulary below.*

¿Cómo?		**¿Dónde?**
ocupada		casa
bien	en	clase
cansadas		la oficina
mal		la universidad

1. ¿Cómo está la Sra. Rivas? ¿Dónde está?

_____

2. ¿Cómo está Jorge? ¿Dónde está?

_____

3. ¿Cómo están Arturo y Laura? ¿Dónde están?

_____

4. ¿Cómo están Miri y Olivia? ¿Dónde están?

_____

5. ¿Cómo está Ud.? ¿Dónde está?

_____

R **Los números (Numbers).** Solve the following problems. Write out all of the numbers according to the model. Use **más** (+), **menos** (–) and **es** or **son** (=).

MODELO 4 + _____ = 9.
Cuatro más cinco son nueve.

1. 20 – 1 = _____. _____

2. 15 + _____ = 18. _____

3. 0 + 13 = _____. _____

4. _____ – 10 = 0. _____

5. 8 – _____ = 7. _____

6. _____ + 5 = 20. _____

7. 2 + _____ = 19. _____

8. 14 – 3 = _____. _____

S **¿Qué hay? (What is there?)** To practice the expression **hay,** choose from the following list of words that express what there is in each of the places mentioned below. Use complete sentences.

MODELO *Hay programas de detectives en la televisión.*

café	mapas	programas educativos
sandwiches	personas	autobuses
obras (works) de arte	programas malos	sopa (soup)
limonada	enciclopedias	doctores
diccionarios	programas interesantes	pacientes
medicinas	autobiografías	actores

1. el hospital _____

_____

2. la biblioteca (library) _____

_____

3. la estación de autobuses _____

_____

4. la televisión _____

_____

5. la cafetería _____

_____

T **¿Y dónde están?** *Now use words from exercise S to write sentences that express where the following things are.*

MODELO doctores
Los doctores están en el hospital.

1. diccionarios _____

2. café _____

3. actores _____

4. medicinas _____

5. sopa _____

6. pacientes _____

7. enciclopedias _____

8. mapas _____

9. autobuses _____

10. programas educativos _____

U **Palabras para la clase (Words for the class).** *Label the following items with the appropriate word from the list below.*

el mapa	la ventana	el lápiz	la pizarra	el escritorio
el cuaderno	la silla	el libro	la tiza	el calendario
el bolígrafo	la puerta	la pared	la profesora	el diccionario

1. _____

2. _____

3. _____

4. _____

5. _____

6. _____

7. _____ 8. _____ 9. _____

10. _____ 11. _____ 12. _____

13. _____ 14. _____ 15. _____

V **¿Uno o más?** *Complete the following chart with the appropriate nouns and articles. Follow the model.*

MODELO   elefante
          un elefante   *unos elefantes*   *el elefante*   *los elefantes*

	a	some	the (singular)	the (plural)
libro				
blusa				
señor				
actriz				
foto				
actor				
planeta				
mapa				
muchacho				
profesor				
universidad				

Composición

La autobiografía. *Complete the following form. Then, rewrite the sentences you completed to form a brief autobiography.*

Me llamo _____.

Soy de _____.

Soy *(Use adjectives from page 00 in your text to describe yourself.)* _____

_____.

Ahora estoy en *(name of your university)* _____.

En mi *(my)* clase de español hay _____.

Me gusta _____.

Mi autobiografía:

_____

_____

_____

_____

_____

_____

_____

_____

_____

_____

_____

_____

_____

_____

_____

_____

_____

Lección

1 En la universidad

Vocabulario

A **Respuestas lógicas (Logical answers).** *Referring to the dialogue on page 39 in your text, choose the expression from the list below that best corresponds to each sentence.*

A. No, no voy a la clase con Uds.
B. Sí, ahora voy.
C. Yo acabo de comprar los libros.

D. ¡A la sala de clase!
E. Hola, Mariana.

1. Vamos rápido a clase. _____

2. Hola, Gonzalo. _____

3. ¡Mariana... es tarde! _____

4. Bueno. ¡Vamos, chicos! _____

5. ¿Y tú, Verónica? _____

B **Palabras relacionadas (Related words).** *Complete the following charts with the appropriate vocabulary words from this lesson and from the preliminary lesson. Follow the model.*

15

C **Palabras asociadas (Associated words).** *Look at the following drawings and write down all of the words from the vocabulary list in this lesson that you associate with each.*

MODELO *Drawing 1.*   preparar, libro, temprano...

1.

    _____

    _____

    _____

    _____

2.

    _____

    _____

    _____

    _____

3.

    _____

    _____

    _____

    _____

Forma y función

D **Una tabla de referencia (A reference chart).** *Complete the following chart with the appropriate forms of the verbs indicated.*

Presente del indicativo de: los verbos que terminan en **-ar**
los verbos irregulares **ir, hacer**

	yo	tú	él, ella, Ud.	nosotros(as)	vosotros(as)	ellos, ellas, Uds.
buscar						
charlar						
desear						
estudiar						
mirar						
hacer						
ir						

E **Práctica de los verbos.** *Fill in the blank with the appropriate form of the verbs in parentheses in the present indicative tense. Then read the dialogue and answer the questions on page 18.*

ROSA: Yo 1.(ir) _____ a la biblioteca. ¿2.(Ir) _____tú también?

VICENTE: No. Ahora yo 3.(mirar) _____ un programa de televisión.

4.(Ser) _____muy interesante... sobre Madrid. Más tarde, Anita y

yo 5.(necesitar) _____ ir a la librería. Yo 6.(buscar)

_____ un libro para la clase de español. Anita siempre

7.(comprar) _____ muchas cosas. Ella siempre 8.(necesitar)

_____ bolígrafos, libros y cassettes. Después, yo (regresar)

_____ a la residencia 9.y (preparar) _____ la tarea

para mañana. Anita 10.(ir) _____ a la cafetería. Ella y su amigo Raúl

siempre 11.(tomar) _____ café todos los días. Allí, ellos 12.(charlar)

_____ y 13.(pasar) _____ una o dos horas.

ROSA: Pues, yo 14.(desear) _____ ir con Uds. No 15.(necesitar—yo)

_____ trabajar en la biblioteca. 16.(Desear—yo)

_____ mirar la televisión, comprar cosas y charlar con

amigos.

© 2004 Heinle

Para contestar:

1. ¿Adónde va Rosa? _____

2. ¿Qué necesita hacer Vicente? _____

3. ¿Necesita Anita papel? _____

4. ¿Qué hace Vicente después de ir a la librería? _____

5. ¿Qué toman Anita y Raúl todos los días? _____

6. ¿Qué desea Rosa ahora? _____

F **Una encuesta (Survey).** *The students at the University of Madrid come from many different countries. To practice numbers and find out how many are from each place, write out the following numbers.*

1. 82 _____ estudiantes son de los Estados Unidos.

2. 77 _____ estudiantes son de Holanda.

3. 65 _____ estudiantes son de China.

4. 58 _____ estudiantes son de Australia.

5. 33 _____ estudiantes son de la República Dominicana.

6. 21 _____ estudiantes son de Israel.

7. 15 _____ estudiantes son del Japón.

8. 1 _____ estudiante es de Finlandia.

G **Mi horario (My schedule).** *Tell where you are at the following times during a typical day.*

MODELO 9:55 (A.M.)
A las diez menos cinco de la mañana estoy en la clase de historia.

1. 10:50 (A.M.) _____

2. 11:30 (A.M.) _____

3. 1:45 (P.M.) _____

4. 6:15 (P.M.) _____

5. 8:20 (P.M.) _____

6. 12:00 (A.M.) _____

© 2004 Heinle

H **¿Qué hay en la televisión?** *(What's on television?)* *You look at the following TV section from the Spanish newspaper* **El País** *to find an interesting program to watch. Tell what program you will watch, and on which channel at the indicated times. Follow the model.*

Note that in many Hispanic countries the 24-hour clock is used for scheduling television and radio programs, theatrical functions, and buses, trains, and planes. Study the following:

0:00	= medianoche
12:00	= mediodía
16:30	= 4:30 P.M.
23:00	= 11:00 P.M.

MODELO 15:30

Voy a mirar el tiempo (weather) *en el canal TVE-1.*

Vocabulario útil *(Useful vocabulary):*

el canal = *channel*
la revista = *news magazine*
el concierto = *concert*

el cine = *movies*
el telediario = *news*

los dibujos animados = *cartoons*
el tiempo = *weather*

TVE-1

13.30 Parlamento.
14.30 Sábado revista.
15.00 Telediario fin de semana.
15.30 El tiempo.
15.40 La corona mágica. *Lir.* A través de una de las siete puertas mágicas, Rahman y sus amigos pasan a otro lugar en el espacio, la Luna de Arena, uno de los dos satélites de Brigabor.
16.05 Primera sesión. *El Mago de Oz.* Véase la sección de cine.
18.00 Rockopop. (Repetición en TVE-1, domingo 31, a las 6.50). Realización: Jorge Horacio. Presentación: Beatriz Pécker.
19.35 Remington Steele. *Buscando a Steele* (primera parte). Remington desaparece sin previo aviso. Las iniciales de la inscripción de un reloj regalo de quien imagina fue su padre le llevan a Londres, donde se encuentra con personajes de su pasado y a Scotland Yard detrás de él.
20.30 Telediario fin de semana.
21.05 Informe semanal.
22.20 Sábado cine. *La hija de Ryan.* Vease la sección de cine.

Telemadrid

12.00 Cinco estrellas.
14.00 Dibujos animados. *Los minimonsters.*
14.30 El doctor Who. En el planeta Voga se ha descubierto una importante mina de oro y el oro es la muerte para los hombres cibernéticos.
15.00 Pantalla chica. *Un capitán de 15 años.* Véase la sección de cine.
16.30 Documental naturaleza.
17.00 Capital pop.
17.30 Dibujos animados. *Las aventuras de Tintín: El secreto del unicornio.* Segunda parte.
18.00 Dibujos animados. Cuentos europeos: *El banquete de Navidad.*
18.30 Largometraje. *Un loco maravilloso.* Véase la sección de cine.
20.00 Madrid, historia de un año. Presentación: Fernando Olmeda.
21.00 Campo de juego. Realización: Carlos Alonso. A lo largo del programa, conexión informativa con la tradicional carrera vallecana de San Silvestre.
22.00 Así se hizo *Batman.*
22.30 Especial fin de año: ¡Bienvenido, 90! Ver programación de madrugada, el lunes, 1.

Canal Sur

15.00 Dibujos animados.
15.30 Cine. *Los bicivoladores.* Véase la sección de cine.
17.00 Pop pop. Programa 12: *Miami sound machine.* Presentación: Jeanette.
18.00 Dibujos animados.
18.45 Concierto. Concierto de Joan Manuel Serrat.
20.00 Especial servicios informativos. Programa especial de fin de año elaborado por la Redacción de Informativos.
20.30 Canal Sur presenta. Adelanto de los principales espacios de la programación de Canal Sur.
21.00 La jugada. Programa dedicado a la jornada futbolística.
22.30 Programa especial fin de año. Gran fiesta flamenca con actuaciones de Enrique Montoya, El Mani, José Manuel Soto, Los Romeros de la Puebla, Camarón de la Isla, Juana la dei Revuelo y su cuadro flamenco, Diego Carrasco y Coro Rociero de la Hermandad de Triana.
23.55 Conexión con la plaza de las Tendillas, de Córdoba, para la retransmisión de las campanadas de fin de año.

1. 14:30 _____

2. 18:00 _____

3. 18:45 _____

4. 19:35 _____

5. 20:30 _____

6. 22:20 _____

Composición

I **No se conocen _(They don't know each other)._** Look at the drawings in exercise C. Choose two people, give them names, and write a brief conversation between them. Use the form of a dialogue, indicating the speaker's name each time it changes.

_____

_____

_____

_____

_____

_____

_____

_____

_____

_____

_____

_____

_____

_____

_____

_____

_____

_____

_____

_____

Lección

2 En clase

Vocabulario

A **¿En qué grupo?** *(In which group?)* *Group the following words in the indicated categories.*

la contabilidad, la maestra, el arte, el examen, la historia, la biología, el consejero, el francés, la economía, el alemán, la sicología, la química, la decana, la lección, el italiano, el instructor, la música, las ciencias políticas, la prueba, la medicina, el español, el álgebra (f.), el libro, la literatura, la geometría, la sociología, el video, el inglés

Los negocios (business)	Las matemáticas	Las lenguas	Las personas de la universidad
_____	_____	_____	_____
_____	_____	_____	_____
_____	_____	_____	_____
_____	_____	_____	_____
_____	_____	_____	_____

Las ciencias	Las humanidades	Las ciencias sociales	El aula (f.)
_____	_____	_____	_____
_____	_____	_____	_____
_____	_____	_____	_____
_____	_____	_____	_____

B **¿Dónde hace Ud. las actividades?** *(Where do you do the activities?) Choose from the places in the following list and write a complete sentence telling where you do the following activities.*

MODELO   leer libros
          Yo leo libros en la biblioteca.

biblioteca   librería   gimnasio   cafetería   oficina
centro estudiantil residencia   dormitorio   laboratorio de lenguas   aula

1. comprar papel y bolígrafos _____

2. repasar la tarea _____

3. aprender a pronunciar bien _____

4. comer un sandwich _____

5. vivir _____

6. charlar con el profesor _____

7. escribir una composición _____

8. hacer ejercicios aeróbicos _____

9. tomar café y hablar con amigos _____

10. estudiar para un examen _____

C **Pobre Bruno** *(Poor Bruno). It's the second day of History class and poor Bruno is lost. To practice vocabulary and the verbs* **ser** *and* **estar,** *look at the drawing and correct Bruno's statements. Follow the model.*

MODELO   Bruno: El libro está <u>debajo de</u> los exámenes.
          Ud.:   *No, el libro está <u>encima</u> de los exámenes.*

1. Los exámenes están <u>sobre</u> el libro. _____

2. La profesora está <u>detrás de</u> los estudiantes. _____

3. Los estudiantes están <u>contentos</u>. _____

4. La profesora es <u>perezosa</u>. _____

5. Los estudiantes son <u>aplicados</u>. _____

6. Es <u>octubre</u>. _____

7. Es una clase de <u>química</u>. _____

8. La persona delante de la clase es <u>la decana</u>. _____

Now write two original sentences to describe the professor and two to describe the students.

1. La profesora está _____.

2. La profesora es _____.

3. Los estudiantes están _____.

4. Los estudiantes son _____.

Forma y función

D **¿Qué tienen en común?** *(What do they have in common?) Fill in the chart with the correct forms of the verbs* **aprender** *and* **escribir.** *If the two verb forms have identical endings, put them both in the center column. If they are different, put them in their corresponding columns.*

	aprender (-er)		escribir (-ir)
yo		aprendo escribo	
tú			
él, ella, Ud.			
nosotros(as)			
vosotros(as)			
ellos, ellas, Uds.			

E **¡Más información, por favor!** *(More information, please!)* *Write two sentences for each subject about you and your family and friends, using a word from each column and your imagination.*

A	B	C
yo	aprender	matemáticas
mi mejor *(my best)* amigo(a) y yo	escribir	el español
mi *(my)* papá	leer	libros de sociología
mi mamá	decidir	dar muchos exámenes
mis profesores	insistir en	tomar una clase de...
	deber	estudiar mucho
	vivir	en un apartamento
	comprender	biología
		frases originales en español
		en la residencia
		novelas *(novels)* históricas
		repasar...
		asistir a...

1. _____

2. _____

3. _____

4. _____

5. _____

6. _____

7. _____

8. _____

9. _____

10. _____

F **¿Cómo son?** *(What are they like?)* *Look at the following drawings and choose adjectives from the list below to describe the people. Be sure to use the correct form of the adjective you choose.*

inteligente	casado	pobre	rico	delgado	trabajador
alto	bajo	guapo	grande	pequeño	viejo
rubio	moreno	simpático	aburrido	joven	interesante

Santiago   Cecilia   Cecilio   Berta

Santiago es	**Cecilia y Cecilio son**	**Berta es**
_____,	_____,	_____,
_____ y	_____ y	_____ y
_____.	_____.	_____.

Now write one final sentence about each person.

1. Santiago _____.

2. Cecilia y Cecilio _____.

3. Berta _____.

G **Descripciones correctas (Correct descriptions).** *To practice placement of certain adjectives, match the descriptions in the first column with the examples in the second column.*

_____ 1. un gran libro   A. un Suburban

_____ 2. un libro grande   B. el diccionario

_____ 3. un gran hombre   C. Mother Teresa

_____ 4. una gran mujer   D. Albert Einstein

_____ 5. un gran coche   E. un Porsche

_____ 6. un coche grande   F. *Don Quijote de la Mancha*

Now write a complete sentence for each example.

MODELO *El diccionario es un libro grande.*

1. _____

2. _____

3. _____

4. _____

5. _____

6. _____

7. _____

H **Más adjetivos *(More adjectives).*** *Make the sentences more descriptive by adding in the proper place the correct form of the adjective in parentheses.*

José es el estudiante italiano. (bueno)
José es el buen estudiante italiano.

1. Leo libros interesantes. (tres) _____

2. Dos profesoras enseñan la clase. (alemán) _____

3. Vivo con dos muchachos. (simpático) _____

4. Pablo es un instructor de español. (bueno) _____

5. Prepara mucha tarea. (difícil) _____

6. El maestro hace exámenes fáciles. (poco) _____

I **Ser y estar.** *Fill in the following chart with the correct forms of the verbs* **ser** *and* **estar** *in the present tense. To determine which column is for* **ser** *and which for* **estar**, *look at the words below that are commonly used with each.*

Verbo:	Verbo:
yo	yo
tú	tú
él, ella, Ud.	él, ella, Ud.
nosotros(as)	nosotros(as)
vosotros(as)	vosotros(as)
ellos, ellas, Uds.	ellos, ellas, Uds.
Palabras:	**Palabras:**
triste, cansado, contento, preocupado, debajo de, en el aula, enfermo, con ellos	mexicano, inteligente, tarde, de Venezuela, las cinco de la tarde, de papel, profesor de español, bueno, de Manuel

Now use various forms of **ser** *and* **estar** *with words from* **Palabras** *to form original sentences.*

Ser

1. _____

2. _____

3. _____

Estar

1. _____

2. _____

3. _____

J **Las personas muy famosas (Very famous people).** *Use as many adjectives as you can with the verbs* **ser** *and* **estar** *to describe the following people.*

MODELO *Jennifer López es bonita y rica. También es morena y delgada. Jennifer está lista para bailar. No es aburrida. Ahora ella está cansada.*

1. El presidente de los EE.UU. _____

_____

2. Alex Rodríguez _____

_____

3. La Reina *(Queen)* de Inglaterra *(England)* _____

_____

4. Cameron Díaz _____

_____

5. Ricky Martin _____

_____

K **¿Ser, estar o hay?** *Fill in the blanks with the correct form of the appropriate verb. Then read the dialogue between two students in Spanish class and answer the questions that follow.*

RITA: 1._____ cuatro libros aquí en la mesa. ¿2._____ de

Pablo o 3._____ de la profesora?

EMA: Todos los libros 4._____ de la profesora. ¿Dónde

5._____ la profesora? Ahora 6._____ las dos menos veinte,

y la clase 7._____ a la una y media.

RITA: No sé. Pero, yo creo que ella 8._____ muy simpática. 9._____

de Chile, pero 10._____ aquí por dos años. Yo no 11._____

aburrida en la clase porque ella 12._____ muy interesante.

EMA: Sí. Y también 13._____ muchos estudiantes en la clase pero yo no

14._____ nerviosa cuando hablo en clase porque la profesora

15._____ muy paciente. 16._____ bueno participar mucho en clase.

RITA: Pues, aquí 17._____ la profesora. Bien, porque yo 18._____ lista

para comenzar la lección.

Preguntas

1. ¿Cuántos libros hay en la mesa? _____

2. ¿De quién son los libros? _____

3. ¿Qué hora es? _____

4. ¿De dónde es la profesora? _____

5. ¿Por qué no está aburrida Rita en clase? _____

6. ¿Por qué no está nerviosa Ema en clase? _____

L **Muchas posibilidades (Many possibilities).** *Choose the correct answer(s) based on the use of* **ser** *or* **estar.**

1. Estoy...
   A. en el aula.   B. doctor.   C. inteligente.   D. triste.

2. Somos...
   A. en Valencia.   B. preocupados.   C. bien.   D. de Colorado.

3. El instructor está...
   A. de San Antonio.   B. delante de los estudiantes. C. mexicano. D. muy bueno.

4. El muchacho es...
   A. bien.   B. muy guapo.   C. pobre.   D. simpático.

5. Es...
   A. la una.   B. de plástico.   C. en Europa.   D. japonés.

M **Todos hablan.** *Fill in the blanks with one of the following expressions:* **de la, del, de las, de los.**

Anita habla 1._____ fiesta, y Susana habla 2._____ clases.

Lilián habla 3._____ música, y Paco habla 4._____ hombres famosos.

Ema habla 5._____ profesor López, y Raúl habla 6._____ vacaciones.

Yo hablo 7._____ programa de televisión.

Composición

N **¿Cómo es la universidad?** *(What is the university like?)* *Write a brief description of a place in the university. Include the things in or at the place, and some activities that you do there.*

MODELO el aula

Hay clases en el aula. Las clases son interesantes. La profesora enseña en el aula y los estudiantes aprenden. El aula es grande y hay muchos libros allí.

_____

_____

_____

_____

_____

_____

_____

_____

_____

_____

_____

_____

_____

_____

_____

_____

_____

_____

_____

_____

_____

_____

_____

Lección 3 Necesito trabajar

Vocabulario

A **¿Quién?** *Tell which people work with the following people or things. Use complete sentences.*

MODELO ¿Quién trabaja con una máquina de escribir?
El secretario trabaja con una máquina de escribir.

1. ¿Quién trabaja con números? _____

2. ¿Quién trabaja con cocineros? _____

3. ¿Quién trabaja con personas enfermas? _____

4. ¿Quién trabaja con jueces? _____

5. ¿Quién trabaja con colores? _____

6. ¿Quién trabaja con computadoras? _____

7. ¿Quién trabaja con edificios? _____

8. ¿Quién trabaja con estudiantes? _____

9. ¿Quién trabaja con empleados? _____

10. ¿Quién trabaja con medicinas? _____

B **Anuncios de empleo (Want ads).** *The following employers are in need of staff. List all of the various types of personnel that would work at each place.*

> **MODELO** Escuela de Artes busca:
> *artistas, músicos*

1. Hospital Buena Vista busca: _____

2. Restaurante La Buena Mesa busca: _____

3. Empresa de Computadoras la Inteligencia Artificial busca: _____

   _____

4. Empresa de Construcción de Casas El Hogar Perfecto *(Perfect Home Construction Company)*

   busca: _____

   _____

5. Oficina El Buen Negocio busca: _____

   _____

6. Clínica de Salud Mental La Tranquilidad *(Tranquility Mental Health Clinic)* busca: _____

   _____

C **Actividades.** *Choose a verb from the first column and a noun from the second column and write an original sentence, using the expression* **ir a** + *the infinitive.*

> **MODELO** perder/beneficios
> *José va a perder los beneficios mañana.*

jugar	una agencia de empleos
solicitar	un buen almacén
cerrar	fútbol
recomendar	un puesto
tener	un buen sueldo
dejar	una cita
ganar	la puerta
encontrar	empleo

1. _____

2. _____

3. _____

4. _____

5. _____

6. _____

7. _____

8. _____

Forma y función

D **¿Dónde cambia?** *(Where does it change?)* *Complete the chart to illustrate the stem-change pattern of the following verbs in the present tense.*

	recomendar	perder	preferir
yo			
tú			
él, ella, Ud.			
nosotros(as)			
vosotros(as)			
ellos, ellas, Uds.			

E **Cambios e → ie.** *To practice stem-changing verbs and vocabulary, use the correct form of the verbs in parentheses in the present tense.*

1. El farmacéutico (empezar) _____ a preparar la medicina.

2. El cocinero (preferir) _____ preparar un suflé.

3. La enfermera (comenzar) _____ a ayudar a los pacientes.

4. La maestra (recomendar) _____ los siguientes *(following)* libros.

5. El vendedor (cerrar) _____ la tienda.

6. La periodista (querer) _____ escribir un artículo sobre la política.

7. El arquitecto (pensar) _____ en edificios muy modernos.

8. La abogada (perder) _____ su caso.

F **¡Aún más cambios!** *(Even more changes!)* *Complete the chart to illustrate the stem-change pattern of the following verbs in the present tense.*

	encontrar	poder	dormir	jugar
yo				
tú				
él, ella, Ud.				
nosotros(as)				
vosotros(as)				
ellos, ellas, Uds.				

G **Cambios o → ue.** *To practice stem-changing verbs and vocabulary, use the correct form of the verbs in parentheses in the present tense.*

1. El contador (contar) _____ el dinero *(money)*.

2. La sicóloga (recordar) _____ todos los problemas de sus pacientes.

3. El mecánico (dormir) _____ después de un día largo *(long)*.

4. La mujer de negocios (encontrar) _____ una buena oportunidad.

5. El médico (volver) _____ a la clínica mañana.

6. El camarero (poder)_____ ayudar al cocinero.

7. La candidata (mostrar) _____ su currículum vitae.

8. Una cita con la siquiatra (costar) _____ 50 dólares.

H **La entrevista final.** *Read the following dialogue between a boss and a job candidate. Fill in the blank with the correct form of the verb in parentheses in the present tense.*

GERENTE: Leo aquí que sus jefes previos *(previous)* 1.(recomendar) _____

su trabajo sin reserva. ¿Por qué 2.(pensar) _____ Ud. que ellos

lo estiman tanto *(hold you in such high esteem)*?

CANDIDATO: Bueno, pues hago un buen trabajo todos los días. Yo 3.(entender)

_____ que es muy importante trabajar mucho y siempre ir a la

oficina. Si 4.(llover) _____ o si 5.(nevar)_____,

yo siempre voy a trabajar. Claro, no 6.(negar—yo) _____ que

al final de ocho o diez horas de trabajo, 7.(preferir—yo) _____

charlar con amigos o escuchar música. Pero, por la mañana yo siempre

8.(volver) _____ a la oficina listo para trabajar.

GERENTE: ¡Buena respuesta! 9.(Querer—yo) _____ hablar más con Ud.,

pero necesito hablar con mi jefe. ¿10.(Poder) _____ Ud. volver

en media hora?

CANDIDATO: Sí, con mucho gusto. 11.(Almorzar—yo) _____ rápido y

12.(volver—yo) _____ pronto.

I **¿A qué hora?** *To practice stem-changing verbs and to review time expressions, tell at what time you do the following activities. Use complete sentences.*

1. ¿A qué hora almuerza Ud.? _____

2. ¿A qué hora prefiere Ud. estudiar? _____

3. ¿A qué hora vuelve Ud. de la cafetería? _____

4. ¿A qué hora empieza Ud. a estudiar? _____

5. ¿A qué hora puede Ud. charlar con los amigos? _____

6. ¿A qué hora juega Ud. al tenis? _____

7. ¿A qué hora cierra Ud. los libros? _____

8. ¿A qué hora duerme Ud.? _____

J **Tener** and **venir.** *Complete the chart with the correct forms of the verbs* **tener** *and* **venir.**

	tener	venir
yo		
tú		
él, ella, Ud.		
nosotros(as)		
vosotros(as)		
ellos, ellas, Uds.		

K **Una fiesta en la oficina.** *Fill in the spaces with the correct form of the verb* **tener** *or* **venir** *to find out about the office party.*

Marta 1.(venir) _____ a la fiesta a las 8:00 pero José no 2.(venir) _____

hasta *(until)* las 9:00 porque él 3.(tener) _____ mucho trabajo. Susana y yo 4.(venir)

_____ temprano porque nosotros 5.(tener) _____ todos los cassettes.

También, yo 6.(tener) _____ la limonada. Tú 7.(venir) _____ tarde

porque tú 8.(tener) _____ problemas con el automóvil. El jefe y la gerente no 9.(venir)

_____ porque ellos no 10.(tener) _____ invitaciones.

L **Cuando tengo... necesito...** *Match the* **tener** *expressions in the first column with the words in the second column to express what you need to do in the following situations.*

tener prisa/tomar un taxi
Cuando tengo prisa, necesito tomar un taxi.

tener calor	ir a la biblioteca
tener ganas de bailar	buscar un suéter *(sweater)*
tener sed	ir a una discoteca
tener hambre	beber una limonada
tener miedo	abrir todas las ventanas
tener sueño	comer un sandwich
tener frío	llamar a la policía
tener ganas de leer	dormir

1. _____

2. _____

3. _____

4. _____

5. _____

6. _____

7. _____

8. _____

M **¿De quién es?** *(Whose is it?) Complete the chart by writing the singular and plural possessive adjectives that correspond to the subject pronoun in the left column.*

	Adjetivos posesivos
yo	
tú	
él, ella, Ud.	
nosotros(as)	
vosotros(as)	
ellos, ellas, Uds.	

N **Al contrario (On the contrary).** Match the words in the first column with their corresponding antonyms in the second column.

siempre   nadie
también   nada
algo   tampoco
alguien   nunca/jamás

O **Dos chicos diferentes (Two different boys).** While José is very positive about everything, Manuel is the opposite. Make the following sentences negative to see just how different they are.

MODELO   José siempre come en buenos restaurantes.
                Manuel nunca come en buenos restaurantes.

1. José habla con alguien interesante.

   Manuel _____.

2. José siempre trabaja por dos horas.

   Manuel _____.

3. José come algo por la mañana.

   Manuel _____.

4. José siempre va a las fiestas.

   Manuel _____.

5. José va a conciertos también.

   Manuel _____.

6. José lee algo interesante en el periódico.

   Manuel _____.

7. Alguien trabaja con José.

   _____con Manuel.

8. José tiene suerte también.

   Manuel _____.

Composición

© 2004 Heinle

P **Para buscar un empleo.** *A friend in Mexico wants to find a job in the U.S.* **(los Estados Unidos).** *Write her a letter in which you tell her how to apply for a job in this country.*

Querida Marianela,

_____

_____

_____

_____

_____

_____

_____

_____

_____

_____

_____

_____

_____

_____

_____

_____

_____

_____

Un abrazo de *(A hug from)*

_____

Lección

4 Así es mi familia

Vocabulario

A **Los colores.** Diga Ud. el color de cada objeto que sigue. *Tell the color of each of the following objects. Write a complete sentence.*

MODELO el elefante
El elefante es gris.

1. El árbol _____.

2. La banana _____.

3. La rosa _____.

4. El coche de mis padres _____.

5. Mi libro de español _____.

6. Mi bolígrafo _____.

7. La limonada _____.

8. La pizarra _____.

9. La tiza _____.

B **Parientes.** *Fill in the blanks with the missing words.*

1. La esposa de mi padre es mi _____.

2. El marido de mi hermana es mi _____.

3. Mi madre y mi padre son mis _____.

4. El hijo de mis padres es mi _____.

5. Los padres de mis primos son mis _____.

6. El padre de mi padre es mi _____.

7. El hijo de mis tíos es mi _____.

8. Los padres de mi esposa son mis _____.

9. Los hijos de mis hijos son mis _____.

10. Mis primos, mis tíos y mis abuelos son mis _____.

C **Opuestos (Opposites).** *Fill in the blank with the word's logical opposite.*

1. marido _____   5. largo _____

2. soltero _____   6. menor _____

3. blanco _____   7. viejo _____

4. caro _____   8. el desayuno _____

Forma y función

D **Verbos irregulares.** *Complete the charts with the correct forms of the following verbs.*

	conocer	dar	poner	saber
yo				
tú	conoces			
él, ella, Ud.		da		sabe
nosotros(as)				
vosotros(as)				
ellos, ellas, Uds.			ponen	

	salir	traer	ver	decir	oír
yo					
tú	sales				
él, ella, Ud.					
nosotros(as)			vemos		oímos
vosotros(as)		traéis			
ellos, ellas, Uds.				dicen	

E **El hermano menor.** *Pedrín always wants to do what his older brothers do. Follow the model.*

MODELO Paco y Leo: Nosotros vamos a una reunión.
Pedrín: *Yo voy a una reunión también.*

1. Nosotros salimos ahora. _____

2. Conducimos rápido. _____

3. Conocemos a un profesor de México. _____

4. Sabemos cálculo y álgebra. _____

5. Decimos "¡Feliz cumpleaños!" _____

6. Traemos regalos para los primos. _____

7. Vemos a nuestras novias todos los días. _____

8. Queremos ayudar a mamá. _____

9. Ponemos la mesa todas las noches. _____

10. Siempre obedecemos a mamá. _____

11. Hacemos nuestra tarea antes de mirar la televisión. _____

12. Traducimos muchas frases. _____

13. Siempre venimos a tiempo. _____

14. Contamos chistes muy buenos. _____

F **Una reunión familiar.** *Form complete sentences to find out what's going on at your family reunion. Pay close attention to the use of the personal* **a.**

MODELO yo/mirar/mi abuela
Yo miro a mi abuela.

mi primo/mirar/la televisión
Mi primo mira la televisión.

1. yo/conocer/todas las personas _____

2. nosotros/escuchar/los chistes de papá _____

3. mi hermano/ver/el coche de los tíos _____

4. yo/ver/mi tía Luisa _____

5. mi mamá/llevar/la abuela a la fiesta _____

6. José/invitar/sus suegros también _____

7. tú/esperar/los abuelos _____

8. yo/traer/helado _____

9. el abuelo/mirar/todos sus nietos _____

10. nosotros/ver/alguien que no conocemos _____

G **¿A quién ves?** *(Whom do you see?)* **¿Qué ves?** *(What do you see?)* *Now form questions from the statements in exercise F. Pay close attention to the use of the personal* **a.**

MODELO   Miro a mi abuela.
¿A quién miras?

Mi primo mira la televisión.
¿Qué mira tu primo?

1. _____
2. _____
3. _____
4. _____
5. _____
6. _____
7. _____
8. _____
9. _____
10. _____

H **Chistes** *(Jokes).* *At the family reunion Pedro tells his cousin Paquita amusing "tall tales." Fill in the blanks with the correct form of the verbs* **saber** *or* **conocer.**

PEDRO: Paquita, ¿1._____ tú que yo 2._____

bien a George W. Bush?

PAQUITA: ¡No lo creo! ¡Tú no 3._____ a George W. Bush!

PEDRO: Sí, es verdad. También 4._____ al Rey *(King)* Juan Carlos de

España, y 5._____ hablar inglés y español perfectamente. Yo

6._____ mucho de la historia de España y de los Estados

Unidos también.

PAQUITA: No es posible. Tú no 7._____ al Rey Juan Carlos. Y yo

8._____ que tú no 9._____ nada de historia.

Tampoco 10._____ hablar español muy bien.

PEDRO: Paquita, ¿cómo es que tú no 11._____ que yo visito a Juan Carlos en

Madrid a menudo? Creo que toda la familia 12._____ esto *(this)*. Yo

13._____ muy bien la ciudad de Madrid. Y yo 14._____

a su esposa, la Reina Sofía. Yo 15._____ que tienen tres hijos.

PAQUITA: Tú no 16._____ a nadie en España. Tú no 17._____

nada de historia. Tú no 18._____ hablar inglés y español

perfectamente. Tú no 19._____ la ciudad de Madrid. Tú sólo

20._____ contar chistes.

I ¿*Saber* o *conocer*? *Using words from each column, write sentences that describe members of your family.*

yo		hablar español
mi padre		Europa
mi madre	saber	conducir
mi hermano(a)	conocer	a alguien famoso
mis primos		a mi mejor *(best)* amigo(a)
mis abuelos		???

1. _____

2. _____

3. _____

4. _____

5. _____

6. _____

J **Las cuatro estaciones.** *Read the following cartoon. Then help Juan learn his seasons by completing the chart that follows.*

"No, Juan, las cuatro estaciones no son el béisbol, el fútbol, el vólibol y el básquetbol".

Estación	Meses	¿Qué tiempo hace?
la primavera		
el verano		
el otoño		
el invierno		

K **¡Feliz cumpleaños!** *Practice numbers and dates by writing out the birthdates of the following people.*

MODELO Carlos: 14–5–46
El catorce de mayo de mil novecientos cuarenta y seis.

1. la abuela: 9-7–33 _____

2. papá: 10–2–51 _____

3. la tía Juana: 26–6–47 _____

4. Julita: 27–3–85 _____

5. Anita: 13–11–70 _____

6. el bisabuelo *(great grandfather)*: 10–10–1898 _____

7. Vicente: 16–4–75 _____

8. Ema: 1–1–66 _____

L **Traducciones (Translations).** *Raquel talks about meeting her boyfriend's family.*

1. I'm going to meet my boyfriend's family today.

   _____

2. He has a very large family: three younger brothers and two older sisters.

   _____

3. He lives in a large house in the city.

   _____

4. His mother is from San Juan and knows how to cook Puerto Rican food—rice with pigeon peas *(arroz con gandules)*—and more.

   _____

5. His father is Dominican and knows how to dance merengue.

   _____

Composición

M **Mi reunión familiar.** *You are at your family reunion. Describe your relatives, including their physical characteristics, personality, and activities.*

_____

_____

_____

_____

_____

_____

_____

_____

_____

_____

_____

_____

_____

_____

_____

_____

_____

_____

_____

_____

Lección 5 Así es mi casa

Vocabulario

A Palabras relacionadas. *Underline the word that does not belong.*

1. barrer — fregar — pedir — planchar
2. lavar — cocinar — arreglar — repetir
3. el comedor — la cocina — el sótano — el suelo
4. la bañera — el suelo — el techo — el piso
5. el horno — el refrigerador — el microondas — la manta
6. sucio — solo — desordenado — limpio
7. la alfombra — la estufa — la sábana — la manta
8. lavar la ropa — pasar la aspiradora — pagar el alquiler — sacar la basura
9. el lavabo — la ducha — la bañera — la estufa
10. el horno — el lavaplatos — el refrigerador — el espejo
11. la sábana — la almohada — el sótano — la manta
12. el sillón — la radio — la cama — el sofá

B **Compre en La Curaçao.** *Read the advertisement for a furniture and accessory store. Answer the questions that follow.*

aduana = *customs*

país = *country*

juegos = *(matched) sets*

licuadoras = *blenders*

1. ¿Cuáles son los nombres de dos tipos de muebles que hay en:

   A. un juego de sala? _____

   B. un juego de comedor? _____

   C. un juego de alcoba? _____

2. ¿Qué compra Ud. en La Curaçao si...

   A. Ud. quiere escuchar música? _____

   B. Ud. necesita arreglar su ropa? _____

   C. Ud. no tiene dónde dormir? _____

   D. Ud. quiere comer helado *(ice cream)* todos los días? _____

   E. Ud. quiere mirar programas interesantes? _____

   F. Ud. quiere cocinar la cena? _____

© 2004 Heinle

C **En casa.** *Look at the following drawing and name each room. Then write a chore* **(una tarea doméstica)** *that one does in each room.*

MODELO   5. *la cocina: lavar los platos*

1. _____

2. _____

3. _____

4. _____

5. _____

6. _____

7. _____

Forma y función

© 2004 Heinle

D **Un estudio comparado (A comparative study).** Fill in the blanks with the appropriate prepositional pronoun.

Subject pronoun	Prepositional pronoun
yo	_____ *
tú	_____ *
él	_____
ella	_____
Ud.	_____
nosotros(as)	_____
vosotros(as)	_____
ellos	_____
ellas	_____
Uds.	_____

1. _____   4. _____

2. _____   5. _____

3. _____   6. _____

E **Preguntas y respuestas (Questions and answers).** Fill in the blank with the appropriate prepositional pronoun.

1. Mamá, ¿vienes con 1._____ (me)? —Sí, José, voy con 2._____ (you).

2. ¿Viven José y María cerca de 3._____ (you, pl.)? —Sí, ellos viven cerca de

   4._____ (us).

3. Papá, ¿todos van a limpiar la casa menos 5._____ (you)? —No, mi hijo. Todos van a

   limpiar la casa, incluso 6._____ (me).

4. ¿El helado es para 7._____ (her)? —No, el helado es para 8._____ (him).

5. ¿El regalo es de 9._____ (them, m.)? —No, el regalo es de 10._____ (us).

_____

* **Yo** and **tú** are used after which six prepositions?

F **¿Qué están haciendo?** *Write the correct forms of the verb* **estar** *in the first column. Then complete the chart with the present participle of the verbs indicated to practice the present progressive tense.*

	estar	cocinar	comer	compartir	
yo	estoy	cocinando			
tú					
el, ella, Ud.					**la cena.**
nosotros(as)					
vosotros(as)					
ellos, ellas, Uds.					

G **Actividades diarias *(Daily activities).*** *Form the present progressive tense to describe what the following people are doing now.*

MODELO Enrique (planchar los blue jeans)
Enrique está planchando los blue jeans.

1. Lilián (cocinar una paella) _____

2. Papá (limpiar el garaje) _____

3. La abuela (barrer el suelo) _____

4. Tú (fregar la bañera) _____

5. Rosita (hacer la cama) _____

6. Jorge (arreglar su cuarto) _____

7. Mamá (poner la mesa) _____

8. Nicolás y yo (lavar y secar la ropa) _____

9. Susana (leer el periódico) _____

10. Gloria y Raúl (chismear) _____

H **Más cambios.** *Complete the chart to illustrate the stem-change pattern of the following verbs in the present tense.*

	servir		pedir	
yo				
tú				
él, ella, Ud.				
nosotros(as)				
vosotros(as)				
ellos, ellas, Uds.				
forma progresiva del presente				

I **Una periodista curiosa.** *A reporter has come to ask you questions about your university. Practice stem-changing verbs by answering her questions.*

1. ¿Compiten hoy los atletas de su universidad? _____

2. ¿Consigue Ud. buenas notas en sus clases? _____

3. ¿Corrige los éxamenes rápido su profesor de español? _____

4. ¿Eligen Uds. a candidatos calificados para su gobierno *(government)* estudiantil? _____

_____

5. ¿Sirven el desayuno en la cafetería? _____

6. ¿Repite Ud. las palabras de su profesor para practicar la pronunciación? _____

_____

J **Ahora mismo.** *Rewrite your answers from exercise I, changing from the present to the present progressive tense.*

1. _____

2. _____

3. _____

4. _____

5. _____

6. _____

K **Los adjetivos demostrativos.** *Fill in the blank with the correct form of the appropriate demonstrative adjective.*

Mi casa

1.*(This)* _____ habitación es la cocina. 2.*(Those)* _____ dos cuartos son el comedor y la sala. 3.*(That, far away)* _____ cuarto es el salón. 4.*(This)* _____ microondas es nuevo *(new)*, y 5.*(this)* _____ nevera es muy moderna. 6.*(These)* _____ sillas son mis favoritas. Y 7.*(that, far away)* _____ sillón en el salón es el favorito de papá. 8.*(That)* _____ sofá es muy viejo, pero bonito. Y aquí están nuestras mascotas *(pets)*. 9.*(This)* _____ perro se llama Dino. 10.*(Those)* _____ pájaros son de mi hermana. 11.*(That, far away)* _____ gato siempre juega afuera.

L **Más demostrativos.** *Fill in the blank with the correct form of the appropriate demonstrative adjective or pronoun.*

Mi alcoba

1.*(This)* _____ es mi alcoba. Como Ud. puede ver, 2.*(this)* _____ habitación es perfecta. 3.*(This)* _____ armario es de madera *(wood)*. 4.*(Those)* _____ son mis libros. 5.*(This one)* _____ es para mi clase de español, y 6.*(that one)* _____ es para mi clase de historia. 7.*(Those, over there)* _____ son para mi clase de biología. Yo siempre estudio aquí en 8.*(this)* _____ escritorio.

9.*(That)* _____ es mi cama de agua. 10.*(Those)* _____ mantas son de México. 11.*(These)* _____ son las almohadas más blandas *(soft)* del mundo. 12.*(Those, far away)* _____ sillones son muy cómodos *(comfortable)*.

M **De compras en La Curaçao.** *You are shopping in the store* **La Curaçao** *for things for your dorm room. You are in row* **(fila)** *1. Using demonstrative adjectives, describe your preferences. Follow the model.*

MODELO sillón/microondas
Prefiero este sillón a ese microondas. or Prefiero ese microondas a este sillón.

¡BIENVENIDOS A LA TIENDA LA CURAÇAO!

Aquellos

> Fila 3
> Accesorios y cosas misceláneas: cuadros, espejos, lámparas,
> mantas, sábanas, alfombras

Esos

> Fila 2
> Aparatos electrodomésticos: licuadoras, televisores,
> neveras, estufas, planchas, estéreos, radios, microondas,
> secadoras, lavadoras, lavaplatos

Estos

> Fila 1
> Muebles: sillones, sofás, mesas, sillas, camas

* **Ud. está aquí.**
ENTRADA

1. mesa/lámpara _____

2. sillón/silla _____

3. camas/alfombras _____

4. nevera/televisor _____

5. espejo/cuadro _____

6. sábanas/mantas _____

7. radio/espejo _____

8. sillas/mesa _____

© 2004 Heinle

N **¿Qué marca (brand) prefiere Ud.?** *Every product has many brands. The salesclerk shows you two brands and asks your preference. Use the correct form of the demonstrative adjectives and pronouns to form her questions. Then answer them, always choosing the first. Follow the model.*

MODELO   mesa (este/aquel)
  ¿Prefiere Ud. esta mesa o aquélla?
  Prefiero ésta.

1. sillón (este/ese) _____

2. camas (aquel/este) _____

3. nevera (ese/aquel) _____

4. sábanas (aquel/ese) _____

5. radio (este/aquel) _____

6. sofá (ese/aquel) _____

O **Una carta de Armando (A letter from Armando).** *Armando writes to his parents from his dorm room. Rewrite each sentence, substituting direct object pronouns for the underlined nouns.*

Queridos papis,

Aquí estoy. Mi dormitorio es pequeño, feo y está muy sucio.

1. Voy a limpiar <u>mi dormitorio</u> pronto. _____

2. Tengo <u>las sábanas amarillas</u>. _____

3. Voy a poner <u>las sábanas y la manta</u> en mi cama. _____

4. Arreglo <u>las almohadas</u> antes de dormir. _____

5. Necesito barrer <u>el suelo</u>. _____

6. Quiero limpiar <u>las ventanas</u> también. _____

7. Tengo que fregar <u>la bañera</u>. _____

8. Después, voy a hacer <u>la cena</u>. _____

9. Debo pasar <u>la aspiradora</u>. _____

10. Pero ahora estoy escribiendo <u>la composición</u>. _____

P **¿Qué hace Ud. en cada situación?** *Tell what you do in each situation. Use direct object pronouns in place of the underlined nouns and choose a verb from the list below. Follow the model.*

MODELO   La ropa está arrugada *(wrinkled)*.
              La plancho.

arreglar   compartir   servir   hacer
limpiar   planchar   secar   fregar

1. La sala y el comedor están muy sucios. _____

2. Ud. prepara la limonada para sus hermanos. _____

3. Las sábanas están arrugadas *(wrinkled)*. _____

4. Su armario está desordenado. _____

5. El perro está mojado *(wet)*. _____

6. La bañera está sucia. _____

7. Ud. tiene mucha tarea para mañana. _____

8. Ud. tiene un sandwich y su amigo tiene hambre. _____

Q **En el futuro.** *Rewrite your answers from exercise P to indicate what you are going to do. Use the construction **ir a** + infinitive, and follow the model.*

MODELO   La plancho.
              La voy a planchar. or Voy a plancharla.

1. _____

2. _____

3. _____

4. _____

5. _____

6. _____

7. _____

8. _____

© 2004 Heinle

R **Traducciones (Translations).** *Susana complains to her mother about all of the housework she does each day.*

1. Mom, my family never helps me with the household chores.

_____

2. See those books on the floor? And the dirty clothes on the bed? I have to arrange them.

_____

3. And the floor? I scrub it every day.

_____

4. And those beds. I make them also.

_____

5. Do they help me on weekends? No way!

_____

Composición

S **La casa de mis sueños (dreams).** *Look at the ads for homes for sale here and on page 58. Which one do you prefer? Write a composition in which you explain your choice. If you do not like any of the possibilities, describe your dream house.*

suya = *yours*

marquesina = *porch*

¿NECESITA UNA RESIDENCIA?
AQUI ESTA SU OPORTUNIDAD

En Santiago: se vende moderna residencia en Cerros de Gurabo. Todas las comodidades, terminación de primera, dos niveles, cuatro dormitorios con sus vestidores, cuatro baños completos, sala-estar, sala grande, dos comedores, dos terrazas, amplia cocina, marquesina doble, patio grande, cisterna, habitaciones para servicio. 600 Mts. Conts. en área de 1016 Mts².

Informe Tel. 582-8927.

niveles = *levels*
vestidores = *closets*

cisterna = *water tank*

Lección 6 Pasando el día en casa

Vocabulario

A **Por teléfono.** *You call your best friend to chat. Answer the questions to tell what you would do or say in the following situations.*

MODELO Ud. quiere hacer la llamada.
¿Qué hace Ud.? *Marco el número.*

1. El padre de su amigo(a) dice, «¿Bueno?»

   ¿Qué dice Ud.? _____

2. Ud. está equivocado(a) de número.

   ¿Qué dice Ud.? _____

   ¿Qué hace Ud.? _____

3. Están comunicando.

   ¿Qué hace Ud.? _____

4. La madre de su amigo(a) pregunta, «¿Quién habla?»

   ¿Qué dice Ud.? _____

5. La abuela de su amigo(a) dice, «Bueno, no está ahora mismo».

   ¿Qué dice Ud.? _____

6. La abuela pregunta, «¿De parte de quién?»

   ¿Qué dice Ud.? _____

7. Nadie contesta en la casa de su amigo(a).

   ¿Qué hace Ud.? _____

B **El periódico.** *Look at the indices from three Hispanic newspapers. In which sections and on what pages will you find the following information? Refer to* **Las secciones del periódico** *on page 192 of your textbook.*

EL VOCERO

INDICE
Clasificados 25
Crucigrama 22
Deportes 28
Editorial 16
Espectáculos 20
Horóscopo 22
Televisión 22

EL VOCERO DE PUERTO RICO
Apartado 3831, Viejo San Juan, P. R.
00904

El Vocero de Puerto Rico (USPS477-030) is published 6 days a week from Monday to Saturday. Second class postage paid at San Juan, Puerto Rico and additional offices.

MAIL SUBSCRIPTION RATE FOR U.S.
	1 Yr.	6 Mons.	3 Mons.
Week days & Saturdays	$200	$100	$50

Member: American Newspaper Publishers Association, Inter American Press Association and Audit Bureau of Circulations
*POSTMASTER: Send Address changes to EL VOCERO DE PUERTO RICO,
P.O. Box 3831, San Juan, P.R. 00982-3831.

EL DIARIO

eldiario
LA PRENSA

INDICE
☐ **P. 2** Local
☐ **P. 5** Nacional
☐ **P. 9** Nuestros Países
☐ **P. 13** Internacional
☐ **P. 15** Opinión
☐ **P. 29** Comunidad
☐ **P. 40** Deportes

LAS NOTICIAS DEL MUNDO

INDICE
Metropolitanas	2/4
Información, General	5
Editorial/Enfoques	6
Nacional/Internacional	7
Sudamérica	8
Centroamérica/México	9
Educación	10
Cuba/Puerto Rico	11
Entretenimientos/	
Horóscopo	12
Deportes	13/17
Clasificados	18/19
Deportes/	
Información Final	20

AÑO 12
NUMERO 3093

*1991 News World
Communications, Inc

1. Ud. quiere saber qué pasa en su ciudad.

   El Diario _____   Las Noticias del Mundo _____

2. Ud. quiere saber qué va a pasar en el futuro.

   El Vocero _____   Las Noticias del Mundo _____

3. Ud. busca empleo.

   El Vocero _____   Las Noticias del Mundo _____

4. Ud. quiere saber las opiniones políticas del periódico.

   El Vocero _____   El Diario _____   Las Noticias del Mundo _____

5. Ud. quiere saber en qué canal sale su programa favorito.

   El Vocero _____   Las Noticias del Mundo _____

6. Ud. quiere saber qué pasa en Rusia, China y la India.

   El Diario _____   Las Noticias del Mundo _____

7. Ud. quiere ver a Carlos Moya jugar al tenis.

   El Vocero _____   El Diario _____   Las Noticias del Mundo _____

C **Reacciones.** *What do you say in the following situations? Choose from the list below.*

— ¡Qué alegría!   ¡Qué pesado!   ¡Qué suerte!   ¡Qué lástima!   ¡Qué sorpresa!

1. Ud. acaba de encontrar cien dólares. _____

2. Ud. recibe una nota maravillosa en su examen de español. _____

3. Ud. recibe una nota horrible en su examen de química. _____

4. Ud. vuelve a su residencia y ve que su novia(o) acaba de llegar para visitarlo(la). _____

5. Ud. tiene que esperar una hora para ver al médico y no hay revistas en la sala de espera

   (waiting room). _____

Forma y función

D **Los pronombres de complemento directo e indirecto.** *Complete the chart with the appropriate pronouns.*

Subject pronouns	Direct object pronouns	Indirect object pronouns
yo		
tú		
él		
ella		
Ud.		
nosotros(as)		
vosotros(as)		
ellos		
ellas		
Uds.		

E **Práctica de pronombres.** *Which indirect object pronoun would you use to indicate the following concepts? Follow the model.*

a ti—*te*

para ella—*le*

1. para mí _____

2. a ella _____

3. a Juan y a mí _____

4. para Saúl _____

5. a Uds. _____

6. para ti _____

7. a José y a Juan _____

8. para nosotros _____

9. a mí _____

10. a ti _____

F **Regalos.** *To practice indirect object pronouns, tell to whom you give the following gifts. Follow the model.*

el violín/(a Rosa)

Yo le doy el violín a Rosa.

1. los juguetes/(a Pedrín) _____

2. el bolígrafo/(a la profesora) _____

3. dos relojes/(a ti) _____

4. un coche/(a mis hermanos) _____

5. unos discos compactos/(a mis tíos) _____

6. una guitarra/(a mi abuela) _____

G **Regalos otra vez.** *To practice direct and indirect object pronouns, rewrite the sentences from exercise F, substituting the direct objects for their corresponding pronouns. Follow the model.*

Yo le doy el violín a Rosa.

Yo se lo doy.

1. _____

2. _____

3. _____

4. _____

5. _____

6. _____

H **Para hablar del pasado.** *Complete the charts with the correct forms of the following verbs in the preterite.*

	prestar	devolver	asistir
yo			
tú			
él, ella, Ud.			
nosotros(as)			
vosotros(as)			
ellos, ellas, Uds.			

	ser/ir	hacer	dar
yo			
tú			
él, ella, Ud.			
nosotros(as)			
vosotros(as)			
ellos, ellas, Uds.			

I **Hoy y ayer (yesterday).** *Fill in the blank with the correct form of the underlined verb in the preterite. Follow the model.*

MODELO Hoy <u>visito</u> a mi abuela y ayer _____ a mis tíos.
Hoy visito a mi abuela y ayer visité a mis tíos.

1. Hoy Uds. <u>compran</u> regalos para el profesor pero ayer Uds. _____ regalos para el decano.

2. Hoy en clase <u>aprendemos</u> vocabulario pero ayer _____ gramática.

3. Hoy José <u>asiste</u> a mi clase pero ayer él _____ a tu clase.

4. Hoy Rosalba <u>lee</u> el periódico y ayer ella _____ una revista.

5. Hoy <u>pago</u> sólo un dólar por el sandwich pero ayer _____ dos dólares.

6. Hoy <u>damos</u> un paseo con Jorge y ayer _____ un paseo con Ana.

7. Hoy <u>haces</u> una cita con el médico pero ayer _____ una cita con el dentista.

8. Hoy <u>toco</u> el piano pero ayer _____ el violín.

9. Hoy <u>pintas</u> la casa y ayer _____ el garaje.

10. Hoy ellos <u>van</u> a una reunión pero ayer _____ a una fiesta.

J **Una lección de historia.** ¡A ver cuánto sabe Ud. de historia! *Let's see how much you know about general history. Change the verbs to the preterite and complete the sentences with the appropriate historical information.*

MODELO *Los arquitectos terminaron la Casa Blanca en 1800.*

atómica	Livingston	Tea Party	Hispanoamericana
América	telégrafo	la India	coche

1. Vasco da Gama (salir) _____ para _____ en 1497.

2. La primera bomba _____ (explotar) _____ en 1945.

3. Stanley (encontrar) _____ a _____ en 1871.

4. La "Boston _____" (ocurrir) _____ en 1770.

5. La Guerra _____ (comenzar) _____ en 1898.

6. Samuel Morse (patentar) _____ el _____ en 1844.

7. Los vendedores (vender) _____ el primer _____ Ford en 1903.

8. Cristóbal Colón (llegar) _____ a _____ en 1492.

K **Ayer en las telenovelas (Yesterday on the soap operas).** *Fill in the blanks with the correct preterite form of the verbs in parentheses to find out what happened on the soap opera* **Destino cruel.**

Magda 1.(descubrir) _____ la verdad *(truth)* sobre Faustino y Ana, y ella 2.(tratar) _____ de destruir su relación. Al mismo tiempo, David 3.(ayudar) _____ a Rafael, y ellos 4.(pintar) _____ un retrato *(portrait)* de Laura. Los dos le 5.(regalar) _____ el retrato a Nico para su cumpleaños, pero cuando Ernestina lo 6.(ver) _____ le 7.(dar) _____ mucha rabia *(anger)*.

Mientras tanto *(Meanwhile)*, Arturo 8.(llamar) _____ a Elisa para saber adónde 9.(ir—ella) _____ con Heriberto. Elisa 10.(gritar) *(to shout)* _____, —¡Nosotros no 11.(hacer) _____ nada! ¡Tú 12.(llamar) _____ anoche *(last night)* después de que él 13.(salir) _____ para encontrar a Susana! Yo te 14.(esperar) _____ en casa hasta las

© 2004 Heinle

dos de la mañana, pero tú no 15.(llegar) _____. Nosotros 16.(intentar) _____

encontrarte varias veces pero tú 17.(salir) _____ demasiado temprano y no 18.(contestar—tú)

_____ el teléfono. Por eso, yo le 19.(dar) _____ toda la información a Roberto, y

él me 20.(dar) _____ las fotos. Y después nosotros 21.(hacer) _____ una cita para el

miércoles, y él 22.(ir) _____ a su casa y yo 23.(ir) _____ a la fiesta en casa de David.

L **¿Cuánto tiempo hace que... ?** *Tell how long ago you did the following activities. Use the cues and the preterite tense. Follow the model.*

MODELO comprar una revista (dos días)
Hace dos días que yo compré una revista.

1. ir a una fiesta (dos semanas) _____

2. darle un regalo a alguien (un mes) _____

3. hacer una cita con su novio(a) (una semana) _____

4. comenzar a estudiar (una hora) _____

5. empezar a trabajar aquí (un año) _____

6. escribirles a sus padres (tres días) _____

M **Traducciones.** *Pedro tells his girlfriend how he spent the day.*

1. Marta, this morning I went to class early.

_____

2. I arrived at 8:30.

_____

3. The professor gave us an exam, but it was easy because you helped me.

_____

4. After class I went to a department store and bought you a present.

_____

5. I'm not going to tell you what I bought you, but I am going to give it to you tonight.

_____

_____

Composición

© 2004 Heinle

N **La llamada telefónica.** *Write a telephone conversation between you and your friend, your parents, or a person of your choice. Tell them about what happened to you yesterday* **(ayer)**.

_____

_____

_____

_____

_____

_____

_____

_____

_____

_____

_____

_____

_____

_____

_____

_____

_____

_____

_____

_____

_____

_____

© 2004 Heinle

7 En el restaurante

Vocabulario

A **Categorías.** *Complete the following charts with the appropriate vocabulary words.*

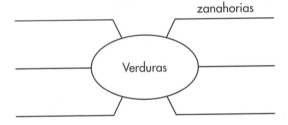

Verduras — zanahorias

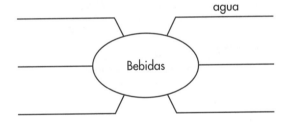

Bebidas — agua

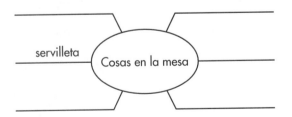

servilleta — Cosas en la mesa

Palabras para describir la comida — asado

B | **Definiciones.** *Choose the word from the list below that best matches the following descriptions.*

el jugo	el café	la torta	la legumbre	los mariscos	el maíz
sabroso	el cuchillo	el menú	la taza	la propina	la zanahoria

1. Es el dinero que le damos al camarero por el buen servicio. _____

2. Usamos esta cosa para beber té. _____

3. Los camarones y las almejas *(clams)* son tipos de éstos. _____

4. Es la lista de todos los platos que sirven en un restaurante. _____

5. Es un sinónimo de **delicioso.** _____

6. Lo usamos para cortar la carne. _____

7. Es una bebida que muchas personas toman por la mañana porque contiene cafeína. _____

8. Es un tipo de postre muy dulce que siempre hay en las fiestas de cumpleaños. _____

9. Es un líquido que hay en las frutas. _____

10. Es un sinónimo de **verdura.** _____

11. Es un tipo de legumbre anaranjada que contiene mucha vitamina A. _____

12. Los indígenas nos enseñaron a cultivar este grano amarillo y sabroso. _____

C | **Los colores.** *Match the food with its color. You may use a color more than once. Write a complete sentence.*

MODELO | la cebolla
La cebolla es blanca.

amarillo	anaranjado	azul	blanco
verde	negro	rojo	

1. el café _____

2. las zanahorias _____

3. el vino tinto _____

4. el maíz _____

5. los tomates _____

6. las aceitunas _____

7. la pimienta _____

8. la sal _____

9. el aceite de oliva _____

10. los camarones _____

Forma y función

D **Mis preferencias.** *Tell if you like or do not like the following foods. Follow the model.*

MODELO los camarones
Sí, me gustan los camarones. or *No, no me gustan los camarones.*

1. la torta de chocolate _____

2. los mariscos _____

3. la leche _____

4. el café _____

5. los tomates _____

6. el ajo _____

7. el flan _____

8. las aceitunas _____

E **Una cena típica en mi casa.** *Form sentences using the words indicated to find out what a typical dinner is like at my house. Follow the model.*

MODELO mi hermano/no gustar/la leche
A mi hermano no le gusta la leche.

1. mis hermanas/fascinar/las gambas _____

2. mi madre/encantar/los pasteles _____

3. mi padre/hacer falta/comer menos _____

4. mi hermanito/faltar/un tenedor _____

5. mi abuela/importar/comer bien _____

6. mi abuelo/gustar/el vino tinto _____

7. a mí/molestar/comer con mis hermanos _____

8. a mí/no gustar/cenar en casa _____

F **Preguntas sobre Ud.** *For more verb practice, answer the following questions with complete sentences.*

1. ¿Cuáles son tres clases que le fascinan? _____

2. ¿Le parece a Ud. interesante su profesor(a) de español? _____

3. ¿Cuáles son dos cosas que le molestan a Ud.? _____

4. ¿Qué le gusta hacer después de las clases? _____

5. ¿Qué es lo que le importa más, recibir buenas notas o pasarlo bien? _____

6. ¿Qué es lo que más le encanta hacer? _____

G **En el supermercado *(supermarket).*** *Rosita thinks everything is for her. To review prepositional pronouns and practice a use of* **para,** *find out for whom Mom buys the following foods. Answer her questions, substituting the underlined nouns for the corresponding pronouns. Then rewrite your answers, replacing the noun with the appropriate prepositional pronoun. Follow the model.*

MODELO   ¿Son los pasteles para mí? (Juan)
          No, Rosita. Son para Juan. Son para él.

1. ¿Es el flan para mí? (papá) No, _____

2. ¿Es el jugo para mí? (Susana) No, _____

3. ¿Son los pasteles para mí? (Carlos y José) No, _____

4. ¿Es el café para mí? (la abuela) No, _____

5. ¿Es la torta para mí? (Ana y Julia) No, _____

6. ¿Son las aceitunas para mí? (papá y yo) No, _____

7. ¿Son las zanahorias para mí? (el abuelo) No, _____

8. ¿Es el helado para mí? (tú) Sí, _____

H **Comentarios sobre la comida.** *Fill in the blanks with* **por** *or* **para.**

1. Yo pagué 50 centavos _____ las cebollas. ¿Cuánto pagaste _____

   las piñas?

2. _____ encontrar un buen restaurante español, tienes que ir a la ciudad.

3. _____ la mañana tomo café pero _____ la tarde tomo té y

   _____ supuesto, _____ la noche, tomo leche.

4. Vamos _____ España en julio _____ comprar los maravillosos

vinos españoles _____ nuestro restaurante. Vamos _____ dos

semanas _____ poder ver a mis primos también.

5. Aquí viene el camarero, y tiene el pollo _____ mamá, el arroz

_____ papá, y la carne _____ nosotros.

6. El vaso grande es _____ agua. El vaso pequeño es _____ jugo de

tomate y la copa es _____ vino.

7. Estoy enferma _____ comer cuatro postres diferentes.

8. No podemos comer afuera hoy _____ el frío que hace.

9. _____ lo general, yo como _____ lo menos tres o cuatro verduras.

10. Probé esta receta _____ primera vez anoche pero el plato salió muy mal.

_____ eso, fuimos a un restaurante _____ cenar.

I **Verbos irregulares.** *Complete the chart with the correct forms of the following verbs in the preterite.*

	yo	tú	él, ella, Ud.	nosotros(as)	vosotros(as)	ellos, ellas, Uds.
andar						
conducir						
decir						
estar						
poder						
poner						
producir						
querer						
saber						
tener						
traducir						
traer						
venir						

J **Cambios.** *Complete the chart to illustrate the stem-change pattern of the following verbs in the preterite tense.*

	yo	tú	él, ella, Ud.	nosotros(as)	vosotros(as)	ellos, ellas, Uds.
conseguir						
dormir						
mentir						
morir						
pedir						
preferir						
repetir						
servir						

K **Una cena original.** *Fill in the blanks with the correct form of the verb in parentheses in the preterite tense.*

Esta noche Juan 1.(preparar) _____ una cena especial para celebrar el cumpleaños de

su esposa, Raquel. En la mañana él 2.(ir) _____ al supermercado y 3.(comprar)

_____ todos sus alimentos favoritos. Él 4.(escoger) _____ mariscos,

verduras, arroz y sopa. Juan 5.(volver) _____ a casa y 6.(empezar) _____

a cocinar los platos. 7.(Cortar—él) _____ los tomates y la lechuga y 8.(probar—él)

_____ la sopa. También él 9.(poner) _____ la mesa y 10.(abrir)

_____ el vino. Él 11.(querer) _____ preparar una torta pero no 12.(poder—él)

_____ por falta de algunos de los ingredientes. Cuando Raquel 13.(llegar)

_____ a casa, Juan le 14.(decir) _____ «Feliz cumpleaños». Después, él le

15.(servir) _____ la cena. Al final, Raquel le 16.(dar) _____ las gracias

por todo y los dos 17.(lavar) _____ los platos.

L **Traducciones.** *Pedrín y su madre están en el supermercado.*

1. **MAMÁ:** I'm going to prepare shrimp for dinner tonight.

   _____

   _____

2. **PEDRÍN:** Mom, you know that I don't like shrimp. I tried them at Aunt Juana's house. I don't

   want to eat them tonight.

   _____

   _____

3. **MAMÁ:** Well, do you prefer fish? Or I can buy meat.

   _____

   _____

4. **PEDRÍN:** I don't care. I like meat and fish. And for dessert . . . you know that I love pastries.

   _____

   _____

5. **MAMÁ:** Okay, but you must eat a big salad, too.

   _____

   _____

Composición

M **Reseñas** *(Reviews).* *You are a food critic for your local newspaper. Read the following descriptions of the two restaurants you visited last week. Then write reviews using the indicated verbs in the preterite and vocabulary from this lesson.*

1. **Restaurante La Perla:** Comida china *(Chinese)*. Ud. fue al restaurante en coche pero el estacionamiento *(parking)* está muy lejos del restaurante. Es muy pequeño y los clientes tienen que esperar afuera. El menú es grande y variado, y está escrito *(written)* en chino. La comida es buena pero muy picante. (conducir, andar, decir, traducir, gozar, pedir, servir)

_____

_____

_____

_____

_____

_____

_____

2. **Restaurante El Desastre:** Comida americana rápida. Es un restaurante sucio. No tienen muchos platos en el menú, y los que hay están mal preparados. Sólo hay un mozo, y él pone la mesa con platos sucios. No dan tenedores ni cuchillos. Los clientes tienen que pedírselos. Sirven mucha comida frita y pocas legumbres. (estar, tener, saber, venir, poner, pedir, servir, volver)

_____

_____

_____

_____

_____

_____

_____

Lección

8 ¡Qué comida más fresca!

Vocabulario

A **Variedades (Varieties).** *Nombre Ud.... (Name...)*

seis frutas:

1. _____   4. _____

2. _____   5. _____

3. _____   6. _____

cinco tipos de carne:

1. _____   4. _____

2. _____   5. _____

3. _____

cuatro lugares donde venden comida:

1. _____   3. _____

2. _____   4. _____

tres condimentos:

1. _____   3. _____

2. _____

dos alimentos dulces:

1. _____   2. _____

un tipo de marisco:

1. _____

B **¿Cómo le gusta?** *(How do you like it?)* Look at the following drawings and tell how you prefer to eat each food. Follow the model.

MODELO *Prefiero el pescado frito.*

1.

2.

3.

4.

5.

6.

7.

1. _____   5. _____

2. _____   6. _____

3. _____   7. _____

4. _____

C **De compras.** Make a list of the foods that you buy in the following places. You can use vocabulary from previous chapters.

mercado al aire libre

1. _____   4. _____

2. _____   5. _____

3. _____   6. _____

panadería/pastelería

1. _____   3. _____

2. _____

carnicería

1. _____ 3. _____

2. _____ 4. _____

supermercado

1. _____ 4. _____

2. _____ 5. _____

3. _____ 6. _____

Forma y función

D **Para usar el imperfecto.** *Complete the charts with the correct forms of the following verbs in the imperfect tense.*

	regatear	recoger	conseguir
yo			
tú			
él, ella, Ud.			
nosotros(as)			
vosotros(as)			
ellos, ellas, Uds.			

	ser	ir	ver
yo			
tú			
él, ella, Ud.			
nosotros(as)			
vosotros(as)			
ellos, ellas, Uds.			

E **El chef Raúl.** *Chef Raúl is about to retire. His assistants fondly remember what a typical day was like in his restaurant. Write complete sentences using the imperfect tense. Follow the model.*

MODELO 8:00 A.M./el chef Raúl/llegar al restaurante
A las ocho de la mañana el chef Raúl llegaba al restaurante.

1. 9:00 A.M./el chef Raúl/decidir el menú del día

   _____

2. 10:00 A.M./un asistente del chef/ir de compras al mercado

   _____

3. 10:30 A.M./el chef Raúl/escoger la especialidad de la casa

   _____

4. 10:45 A.M./el chef Raúl/escribir una lista de los ingredientes

   _____

5. 11:00 A.M./los asistentes/empezar a preparar los platos

   _____

6. 3:00 P.M./el chef Raúl/leer el periódico

   _____

7. 4:00 P.M./los asistentes/comer/rápidamente

   _____

8. 6:00 P.M./el chef Raúl/probar los platos y criticar a los asistentes

   _____

9. 9:00 P.M./el chef Raúl/volver a casa y dormir bien

   _____

10. 12:00/los asistentes/lavar los platos, barrer el suelo y fregar la cocina

    _____

F **¿Qué hacían?** *Nidia took this picture of her friends at an open-air market. What were they doing at the time? Use the imperfect tense.*

1. Nilda _____

2. Elmer y Olga _____

3. Marcos _____

4. Antonio _____

5. Elisa _____

6. Sebastián y Dorotea _____

7. Leo _____

8. Natalia _____

G **A dieta.** *Use the preterite and imperfect of the verb* **comer** *to tell what the following people used to eat before their diet, and what they ate today, on their diet. Follow the model.*

yo: antes (dos pizzas grandes)/hoy (dos ensaladas grandes)
Antes comía dos pizzas grandes pero hoy comí dos ensaladas grandes.

1. mi compañero(a) de cuarto: antes (cerdo y chorizo)/hoy pollo y lechuga

   _____

2. yo: antes (hamburguesas y papas fritas)/hoy pescado

   _____

3. mi mejor amigo: antes (perros calientes y papitas)/hoy (ensalada)

   _____

4. mi novia(o) y yo: antes (bombones y caramelos)/hoy (fresas y peras)

   _____

5. Los estudiantes de la residencia: antes (helado y flan)/hoy (manzanas y naranjas)

   _____

H **Ud., el (la) traductor(a) *(You, the translator).*** *You're in Valencia, Spain, on vacation and decide to eat at La Barraca, a restaurant you read about in your guidebook. The owner wants to know what the guidebook said about his restaurant. Translate the review for him.*

La Barraca★★★

When I entered the restaurant it was 9:30. I was tired and hungry. I wanted to eat something immediately. I think that the waiter knew that I was hungry because he gave me a menu right away and then brought bread, cheese, and water to the table. I read the menu and then ordered the paella with seafood and sausage. While I was waiting, the waiter served me a salad and asked me if I wanted red or white wine. When the paella arrived, I tried it right away. It was delicious! I finished my meal and paid the waiter. I gave him a good tip. As I was leaving, he invited me to come back soon.

_____

_____

_____

_____

_____

_____

_____

_____

© 2004 Heinle

I **¿El pretérito o el imperfecto?** *Choose the correct form of the verb according to the context. Then translate the sentence.*

1. Yo (conocí, conocía) al cocinero ayer en el restaurante.

_____

2. Marta siempre (quiso, quería) aprender a cocinar.

_____

3. ¿Cuándo (supiste, sabías) que Juan es el hermano de María?

_____

4. Yo le serví los frijoles a Rosita pero ella (no quiso, no quería) comerlos y los tiró *(threw)* al suelo.

_____

5. El año pasado no (pudimos, podíamos) hablar español, pero después de pasar un año en España, hablamos muy bien.

_____

J **¿Qué se hace?** *Tell what one does in the following places. Follow the model.*

MODELO ¿Qué se hace en la cafetería? (beber)
Se bebe en la cafetería.

1. ¿Qué se hace en la biblioteca? (leer) _____

2. ¿Qué se hace en el restaurante? (comer) _____

3. ¿Qué se hace en la discoteca? (bailar) _____

4. ¿Qué se hace en el aula? (aprender) _____

5. ¿Qué se hace en la alcoba? (dormir) _____

6. ¿Qué se hace en la cocina (almorzar) _____

7. ¿Qué se hace en el mercado? (regatear) _____

8. ¿Qué se hace en el centro estudiantil? (charlar) _____

K **Consejos y avisos (Advice and warnings).** *To practice the indefinite* **se,** *advise a visitor to your town about where to eat. Complete the following sentences according to the model.*

MODELO Si se come en...
Si se come en el restaurante La Barraca, se necesita mucho dinero.

1. Si se come en...

_____

2. Se come bien en...

_____

3. Se come mal en...

_____

4. Si se quiere adelgazar...

_____

5. Si se tiene mucha hambre...

_____

6. Si no se puede pagar mucho dinero por la comida...

_____

L **Traducciones.** *A mis abuelos les gustaba la comida más fresca.*

1. Every week my grandparents would go shopping.

_____

2. They liked to haggle at the open-air market.

_____

3. My grandfather would always choose the fruits and vegetables and my grandmother would pay for them.

_____

4. Then they would go to the butcher shop, the bakery, and the supermarket.

_____

5. They always bought a kilogram of ham, bread, three cans of tuna fish, a dozen eggs, and some hard candies for me.

_____

© 2004 Heinle

Composición

M **Mi diario personal.** *Write at least five sentences in the imperfect tense that describe what a typical day was like for you ten years ago. Then write five sentences in the preterite tense that describe what you did yesterday.*

_____

_____

_____

_____

_____

_____

_____

_____

_____

_____

_____

_____

_____

_____

_____

_____

_____

_____

_____

_____

_____

Lección

9 ¡Toma y pruébatelo!

Vocabulario

A **Palabras parecidas (similar).** *Underline the word that does not belong.*

1. la falda	la corbata	las medias	la blusa
2. el suéter	la camiseta	la blusa	los blue jeans
3. la cartera	el arete	el anillo	el brazalete
4. el sombrero	el estilo	el cinturón	los guantes
5. estrecho	claro	cuero	oscuro
6. cerrado	formal	lindo	elegante
7. los zapatos	los guantes	las zapatillas	las botas
8. el paraguas	las botas	el traje de baño	el impermeable

B **Prendas de vestir.** *Name the following articles of clothing and accessories.*

 1. _____

 2. _____

 3. _____

 4. _____

 5. _____

 6. _____

 7. _____

 8. _____

9. _____

10. _____

11. _____

12. _____

13. _____

14. _____

15. _____

C **Para estar de moda.** *A friend from Chile writes to find out about what university students in the U.S. wear on the following occasions. Answer her with complete sentences.*

1. para ir a un concierto de rock

   una mujer: _____

   un hombre: _____

2. para asistir a clases en la universidad

   una mujer: _____

   un hombre: _____

3. para ir a una boda *(wedding)*

   una mujer: _____

   un hombre: _____

4. para jugar al tenis

   una mujer: _____

   un hombre: _____

Forma y función

D **Los verbos reflexivos.** *Complete the chart with the correct forms of the following reflexive verbs in the present tense.*

	quitarse	ponerse	vestirse
yo			
tú			
él, ella, Ud.			
nosotros(as)			
vosotros(as)			
ellos, ellas, Uds.			

Now complete the following grammar "equations" to see the various ways to use reflexive and direct object pronouns.

Me lo voy a poner. = Voy a _____.

_____ estoy poniendo. = Estoy poniéndomelo.

Ella _____ va a probar. = Ella va a probárselo.

Ella se lo está probando. = Ella está _____.

E **Una mañana en tu casa.** *Fill in the blanks with the correct form of the reflexive verbs in parentheses.*

Todos los días tú 1.(despertarse) _____ a las siete de la mañana. Pero no 2.(levantarse)

_____ en seguida porque como siempre 3.(acostarse) _____

tarde, siempre tienes sueño. Pues, 4.(quedarse) _____ en la cama por unos 15 o 20

minutos, y después vas al cuarto de baño para 5.(afeitarse) _____ y 6.(bañarse)

_____. Vuelves a tu cuarto y 7.(vestirse) _____. Tú siempre

8.(ponerse) _____ blue jeans porque son muy cómodos. Normalmente 9.(probarse)

_____ dos o tres suéteres diferentes hasta encontrar el que más te gusta. Entonces

bajas a la cocina y 10.(sentarse) _____ a la mesa para tomar tu café. Y luego... a clase.

F **¿Qué hace?** *What do you and your family do in the following situations? Choose the appropriate reflexive verb from the list below and substitute pronouns for nouns whenever possible.*

MODELO   Ud. está durmiendo pero hay mucho ruido.
Me despierto.

irse	despertarse	dormirse	quedarse	quitarse
divertirse	probarse	ponerse	acostarse	sentarse

1. Ud. va a una fiesta muy buena.

_____

2. Ud. lleva un suéter pero hace mucho calor.

_____

3. Sus padres ven una película muy aburrida en la tele.

_____

4. Su abuela está muy cansada y ve un sillón muy cómodo.

_____

5. Su hermana encuentra su blusa favorita en el armario.

_____

6. Son las once de la noche y su hermanita tiene sueño.

_____

7. Nosotros lo pasamos muy bien en la casa de nuestros amigos.

_____

8. Su mamá ve un vestido en un almacén que le gusta mucho.

_____

9. Son las 7:00 de la mañana y Ud. tiene clase a las 8:00 pero todavía está durmiendo.

_____

10. Paco les prometió a sus padres estar en casa a las 11:00. Son las 10:50 y todavía está en casa

de su novia.

_____

G **Rutinas de los famosos.** *Practice reflexive verbs by reading about the daily routines of some Hispanic stars. Then do the activities that follow.*

CUANDO TE LEVANTAS Y
———— TE ACUESTAS

Las *ESTRELLAS* también son seres humanos y al igual que nosotros, tienen sus propios hábitos. Por ejemplo, ¿no te gustaría saber qué es lo primero que realizan al levantarse de la cama y lo último que hacen antes de acostarse?✈

estrella = *star*

seres humanos = *human beings*

propios = *own*

realizan = *they do*

GUILLERMO GARCIA CANTU

"¿Qué es lo que hago al levantarme? Voy al baño. Luego me baño. Antes de dormirme me lavo la cara y me pongo a ver televisión. Pero si estoy con alguien, entonces no veo tele. Hago otras cosas..."

ALBERTO MAYAGOITIA

"Cuando me despierto, de inmediato voy al baño y luego me preparo un café para ponerme a leer el periódico cómodamente. Antes de dormirme apago la luz y me cobijo hasta la cabeza porque soy muy friolento."

me cobijo = *I cover up*

MARGARITA GRALIA

"Cuando me despierto, siempre me tomo un café. Antes de acostarme, me lavo los dientes o hago otras cosas..."

1. Las tres estrellas hablan de las varias actividades que hacen después de levantarse y antes de acostarse. Haga *(make)* una lista de todas las actividades que mencionan.

Después de levantarse	Antes de acostarse
_____	_____
_____	_____
_____	_____
_____	_____
_____	_____

2. ¿Qué actividades mencionan con más frecuencia?

_____

3. ¿Quiénes no contestan completamente? ¿Qué dicen?

_____

4. ¿Qué hace Ud. después de levantarse y antes de acostarse? Nombre por lo menos tres actividades e incluya *(include)* verbos reflexivos.

Después de levantarse

1. _____

2. _____

3. _____

Antes de acostarse

1. _____

2. _____

3. _____

H **Practiquemos los mandatos *(Let's practice commands).*** *Complete the chart with the correct form of the following verbs.*

	Ud.	Uds.	tú
bajar	baje/no baje	bajen/no bajen	baja/no bajes
vender			
subir			
conocer			
traer			
escoger			
construir			
pedir			
dormir			
buscar			
pagar			
comenzar			
saber			
dar			
volver			

I **Más mandatos–*tú.*** *Complete the following chart with the appropriate commands for* **tú.**

	Afirmativo	**Negativo**
venir	ven	no
tener		no tengas
salir	sal	no
poner		no pongas
hacer		no hagas
decir		no digas
ser		no
ir		no

J **Mandatos para muchas personas.** *You are a tour guide for a group of people of all ages. You often need to tell the people what they should and should not do on the tour. Follow the model.*

MODELO   no tocar los vasos en aquella tienda
         a un estudiante: *No toques los vasos en aquella tienda.*
         a dos padres: *No toquen los vasos en aquella tienda.*

1. mirar los anillos en esta tienda

     a una persona mayor: _____

     a una niña: _____

2. pagar la ropa aquí

     a unos estudiantes: _____

     a una madre: _____

3. no buscar gangas en ese almacén

     a un hombre viejo: _____

     a un niño: _____

4. ir a la Boutique Roma para comprar botas italianas

     a tres personas mayores: _____

     a los estudiantes: _____

5. escoger los regalos con cuidado

     a una niña: _____

     a una persona mayor: _____

6. hacer las compras rápidamente y volver al autobús

a un niño: _____

a dos padres: _____

Ⓚ Mandatos con pronombres. *Complete the chart with the correct forms of the following verbs.*

	Ud.	**Uds.**	**tú**
probárselo	pruébeselo/ no se lo pruebe	pruébenselo/ no se lo prueben	pruébatelo no te lo pruebes
ponérselas			
dormirse			
irse			
saberlas			
traerlos			
comprárselos			
hacerlo			

Ⓛ Todo lo contrario. *Two sales clerks offer conflicting advice to a poor customer. Change the affirmative command to a negative command. Follow the model.*

MODELO **DEPENDIENTE 1:** *Pruébese este vestido.*
 DEPENDIENTE 2: *No se pruebe este vestido.*

1. **DEPENDIENTE 1:** Mire estos suéteres y pruébeselos.

   DEPENDIENTE 2: _____

2. **DEPENDIENTE 1:** Escoja Ud. la blusa de seda.

   DEPENDIENTE 2: _____

3. **DEPENDIENTE 1:** Cómpresela antes de probársela.

   DEPENDIENTE 2: _____

4. **DEPENDIENTE 1:**   Tome esta chaqueta. Póngasela.

   DEPENDIENTE 2:   _____

5. **DEPENDIENTE 1:**   Quítesela y pruébese este abrigo.

   DEPENDIENTE 2:   _____

6. **DEPENDIENTE 1:**   Vaya al probador y vístase rápidamente.

   DEPENDIENTE 2:   _____

7. **DEPENDIENTE 1:**   Tome estos guantes y páguelos allí.

   DEPENDIENTE 2:   _____

8. **DEPENDIENTE 1:**   Recoja sus compras y llévelas a su casa.

   DEPENDIENTE 2:   _____

Ⓜ **Compras y consejos.** *You're on a shopping trip with your friend Carlos. Use commands to advise him on what he should or should not buy. Follow the model.*

MODELO **CARLOS:**   Me encanta este suéter pero es muy caro.
             UD.:   *¡Cómpratelo!* or *¡No te lo compres!*

1. **CARLOS:**   No sé si debo comprar estos pantalones. Ya tengo unos muy similares.

   UD.:   _____

2. **CARLOS:**   Necesito una corbata nueva. Ésta cuesta sólo diez dólares y es de seda.

   UD.:   _____

3. **CARLOS:**   Voy a comprar este cinturón de cuero. ¿Es una buena idea?

   UD.:   _____

4. **CARLOS:**   ¿Debo comprar estas zapatillas?

   UD.:   _____

5. **CARLOS:**   Este traje me queda grande. ¿Me lo compro?

   UD.:   _____

6. **CARLOS:**   Me gusta este reloj y es una ganga.

   UD.:   _____

N **Traducciones.** *La madre de Juan Carlos lo lleva a comprar su primer traje.*

MAMÁ: Juan Carlos, come here. Look at these suits!

_____

JUAN CARLOS: Mom, come here. Look at these toys!

_____

MAMÁ: No, Juan Carlos. Don't touch those toys. We're here to buy you a suit. Take this one and try it on.

_____

_____

_____

JUAN CARLOS: Where do I try it on?

_____

MAMÁ: Over there in that dressing room.

_____

Composición

Un anuncio comercial *(An advertisement)*. *The tienda* **La Última Moda** *is having a super sale* **(liquidación)** *of men's and women's clothing. Write an ad listing the various* **gangas** *that are offered. Include all the details and be sure to use commands to entice customers to your store. Feel free to illustrate your ad.*

Lección

10 En la agencia de viajes

Vocabulario

A **La palabra correcta.** *Llene Ud. el espacio con la palabra correcta de la lista siguiente.*

sala de espera	ida
azafata	asiento
billete	atrasado
equipaje	cinturón
pasaporte	gratis

1. Algo que no cuesta nada es _____.

2. Muchas maletas forman el _____.

3. En un avión, nos sentamos en el _____.

4. La mujer que nos trae café, té o leche en un avión es la _____.

5. Si el avión no llega a tiempo está _____.

6. Para ir a un lugar y volver, necesitamos comprar un boleto de _____

    y vuelta.

7. Cuando hacemos un viaje internacional, necesitamos un _____.

8. Después de subir al avión, tenemos que abrocharnos el _____ de seguridad.

9. Esperamos a los viajeros en la _____.

10. Para poder abordar el avión, necesitamos mostrarle nuestro _____

    al aeromozo.

B **El verbo correcto.** *Llene Ud. el espacio con la forma correcta del verbo apropiado de la siguiente lista. Use el tiempo* (tense) *apropiado.*

revisar	extrañar	despedirse	volar
meter	abrocharse	fumar	cancelar

1. Cuando la tía Luisa viaja, viaja en autobús porque no le gusta _____.

2. Cuando supe que la abuela estaba enferma, decidí no viajar y _____ mi reservación.

3. Ella se sentó en el asiento y _____ el cinturón de seguridad.

4. José _____ de sus amigos en la puerta y subió al avión.

5. En la aduana, los agentes _____ todas las maletas de los viajeros.

6. Cuando hago un viaje largo siempre _____ a mi familia y a mis amigos.

7. Yo rompí mi maleta porque _____ demasiadas cosas adentro.

C **El viaje.** *Ponga en orden las siguientes etapas* (steps) *de un viaje por avión. Luego añada* (add) *detalles a cada grupo de acciones. Siga el modelo.*

MODELO   **1** En la agencia de viajes: *escoger el vuelo*
hacer las reservas
pagar los billetes

Orden de los preparativos

_____   En casa: hacer las maletas

_____

_____

_____   En la aduana: hacer cola

_____

_____

_____   En el avión: escuchar al aeromozo (a la azafata)

_____

_____

_____   En el aeropuerto: facturar el equipaje

_____

_____

Forma y función

D **La forma del subjuntivo.** *Complete Ud. la siguiente tabla con las formas correctas de los verbos siguientes en el subjuntivo.*

	yo	tú	él, ella, Ud.	nosotros(as)	vosotros(as)	ellos, ellas, Uds.
volar						
meter						
despedirse						
pagar						
sentir						
buscar						
comenzar						
saber						
ser						
ir						
haber						
dar						
estar						

E **El optimista y el pesimista.** *Tomás y Bernardo tienen personalidades muy diferentes. Tomás siempre está contento pero Bernardo siempre está descontento. Viajan a Yucatán para pasar unos días. Cambie Ud. las opiniones optimistas de Tomás para expresar las negativas de Bernardo. Use el subjuntivo si es necesario.*

MODELO   **TOMÁS:**   Es importante que nos divirtamos mucho.
　　　　　　 BERNARDO: *No es importante que nos divirtamos mucho.*

1. **TOMÁS:**   Es bueno que la gente sea tan simpática.

   BERNARDO: _____

2. **TOMÁS:**   Es obvio que vamos a pasarlo bien.

   BERNARDO: _____

3. **TOMÁS:**   Es cierto que hay mucho que ver y hacer.

   BERNARDO: _____

4. **TOMÁS:**   Es verdad que la comida es sabrosa.

   BERNARDO: _____

5. **TOMÁS:**   Es de esperar que vayamos a Chichén Itzá mañana.

BERNARDO: _____

6. **TOMÁS:**   Es probable que yo aprenda mucho sobre la historia de la región.

BERNARDO: _____

7. **TOMÁS:**   Es una lástima que no podamos pasar más tiempo aquí.

BERNARDO: _____

8. **TOMÁS:**   Es verdad que yo voy a volver algún día.

BERNARDO: _____

9. **TOMÁS:**   Es dudoso que haya un viaje mejor que éste.

BERNARDO: _____

10. **TOMÁS:**   Es cierto que viajamos juntos en el futuro.

BERNARDO: _____

F **Información para el aeropuerto.** _Ud. viaja con sus dos hermanitos y les da información sobre el viaje. Forme Ud. frases completas usando el indicativo o el subjuntivo. Siga el modelo._

MODELO   Es dudoso que el vuelo... (salir a tiempo)
             Es dudoso que el vuelo salga a tiempo.

1. Es mejor que Uds.... (esperar aquí)

   _____

2. Es importante que Uds.... (obedecer)

   _____

3. Es cierto que nosotros... (ir a pasarlo bien)

   _____

4. No es cierto que el vuelo... (llegar tarde)

   _____

5. Es verdad que el piloto... (tener mucha experiencia)

   _____

6. No es importante que Uds.... (sentarse adelante)

_____

7. Es ridículo que nosotros... (subir ahora)

_____

8. Es posible que los aeromozos y las azafatas... (servirnos limonada)

_____

9. Es evidente que el avión... (ser grande)

_____

10. No es seguro que nosotros... (poder sacar fotos)

_____

G **Los pronombres relativos... por altavoz (by loudspeaker).** *Ud. trabaja en el aeropuerto y hace anuncios por altavoz. Lea Ud. la información siguiente y use el pronombre relativo **que** para formar una frase de las dos. Siga el modelo.*

MODELO La pasajera perdió su cartera. Debe ir a la oficina del gerente.
La pasajera que perdió su cartera debe ir a la oficina del gerente.

1. La gente espera el vuelo 76 de San Juan. Tiene que ir a la puerta 43 para reunirse con *(meet)* los pasajeros.

_____

_____

2. El agente de viajes buscaba a una pasajera de Guatemala. Debe ir a la puerta 28.

_____

_____

3. El vuelo de Bogotá llegó hace una hora. Está ahora en la puerta 19.

_____

_____

4. La mujer dejó un paraguas en el avión. Necesita ir directamente a la oficina central.

_____

_____

5. El hombre perdió su pasaporte. Debe ir a la sala de espera.

_____

_____

H Más pronombres relativos... por altavoz. *Lea Ud. la información siguiente y use los pronombres relativos apropiados para formar una frase de las dos. Siga el modelo.*

MODELO La Sra. Bustelo hablaba de una niña. La niña está en la aduana.
La niña de quien la Sra. Bustelo hablaba está en la aduana.

1. La gerente hablaba de la azafata del vuelo 31. La azafata debe venir a la oficina del director.

   La azafata... _____ .

2. El piloto charlaba con un hombre italiano. El hombre italiano dejó su libro en el avión.

   El hombre italiano... _____ .

3. El Sr. Robles viajó con un turista del Uruguay. El turista tiene una llamada telefónica.

   El turista... _____ .

4. La chica rubia conversa con el hombre alto. El hombre alto perdió su pasaporte.

   El hombre alto... _____ .

5. La niña le pide ayuda al aeromozo. El aeromozo no sabe qué hacer.

   El aeromozo... _____ .

I El aeromozo. *Francisco es aeromozo y en el vuelo de hoy él tiene que ayudar a muchos pasajeros. Para practicar **lo que** y pronombres, forme los comentarios de Francisco. Siga el modelo.*

MODELO Una pasajera tiene mucha sed. (un vaso de agua)
FRANCISCO: *Lo que Ud. necesita es un vaso de agua. Se lo traigo en seguida.*

1. Un pasajero tiene mucha hambre. (una hamburguesa)

   FRANCISCO: _____

2. Una pasajera está aburrida. (algunas revistas)

   FRANCISCO: _____

3. Un pasajero tiene dolor de cabeza *(headache)*. (dos aspirinas)

   FRANCISCO: _____

4. Un pasajero tiene mucho sueño. (una almohada)

   FRANCISCO: _____

5. Una pasajera tiene frío. (una manta)

   FRANCISCO: _____

6. Un pasajero tiene calor. (limonada fría)

   FRANCISCO: _____

7. Una pasajera quiere escribir tarjetas postales. (un bolígrafo)

   FRANCISCO: _____

8. Un pasajero quiere escuchar música. (unos discos compactos)

   FRANCISCO: _____

9. Una pasajera quiere saber las noticias. (un periódico)

   FRANCISCO: _____

J **Traducciones.** *Información importante de la azafata.*

1. Hello and welcome to flight 929, destined for Mexico City.

   _____

2. It is important that you read the information about this airplane.

   _____

3. It is necessary that you fasten your seatbelt.

   _____

4. It's true that we serve Mexican cuisine on this flight.

   _____

5. What everyone needs to do now is to watch our movie.

   _____

Composición

K **El (La) presidente nuevo(a).** *Ud. es el (la) nuevo(a) presidente de una aerolínea. Hoy Ud. escribe su primer memorándum a todos los empleados, en el cual Ud. da sus opiniones y recomendaciones. Use Ud. expresiones impersonales y su imaginación para expresar por lo menos ocho opiniones o recomendaciones.*

Expresiones impersonales: es bueno, es cierto, es claro, es de esperar, es dudoso, es evidente, es importante, es (im)posible, es lástima, es malo, es mejor, es necesario, es preferible, es probable, es obvio, es ridículo, es seguro, es sorprendente, es terrible, no hay duda.

MEMORÁNDUM

Fecha:
De:
A:

_____

_____

_____

_____

_____

_____

_____

_____

_____

_____

_____

_____

_____

_____

© 2004 Heinle

11

En la gasolinera

Vocabulario

A **Categorías.** *Complete Ud. las siguientes tablas con palabras o expresiones relacionadas con el tema* (theme) *en el centro.*

formas de viajar

barco

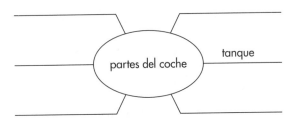

partes del coche

tanque

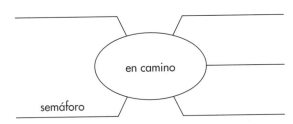

en camino

semáforo

B **Un billete de RENFE.** *Mire Ud. el siguiente billete para un viaje en tren. Luego, conteste las preguntas con frases completas.*

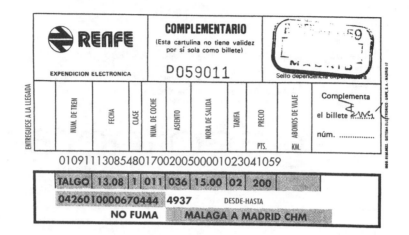

1. Con este billete, ¿adónde puede viajar el pasajero?

   _____

2. ¿De dónde sale el tren?

   _____

3. ¿En qué clase viaja el pasajero?

   _____

4. ¿Cuál es el número del coche? ¿Y el número del asiento?

   _____

5. ¿Puede el pasajero fumar en el coche?

   _____

6. ¿A qué hora sale el tren?

   _____

Forma y función

C **El grupo turístico.** *Antes de salir de gira, el grupo de viajeros habla con su guía, quien les hace algunas recomendaciones. Use Ud. el subjuntivo o el infinitivo para completar las frases siguientes.*

1. Para viajar fuera del país, los oficiales insisten en que todos (tener)_____ un pasaporte.

2. Para escribir al extranjero, recomiendo que Uds. (mandar)_____ las cartas por avión.

3. Sugiero que nadie (llevar)_____ muchos brazaletes, anillos y aretes de oro porque es

   posible (perderlos)_____ durante el viaje.

4. Yo siempre prefiero (cambiar)_____ mi dinero al llegar al aeropuerto porque tarda

   menos tiempo. Deseo que Uds. lo (hacer)_____ también.

5. Si quieren (sacar)_____ fotos desde la ventanilla del avión, aconsejo que

   Uds. (poner)_____ la cámara cerca del cristal pero es importante que no lo

   (tocar)_____.

6. Finalmente, me alegro de que Uds. (querer)_____ viajar con nosotros y espero que

   este viaje (ser)_____ una experiencia estupenda. Ahora espero

   (poder)_____ contestar todas sus preguntas.

D **Cómo hacer una maleta.** *Para saber cómo hacer una maleta sin arrugar* (without wrinkling) *la ropa, siga las instrucciones. Cambie los verbos al subjuntivo.*

1. Recomendamos que Ud. (tener) _____ una maleta

   grande, y es preferible que (ser) _____ de buena

   calidad.

2. Ahora que tiene la maleta, queremos que Ud. la (llenar) _____ de la manera siguiente.

3. Sugerimos que (empezar) _____ con los zapatos, las blusas y la ropa interior.

4. Luego, es mejor que Ud. (poner) _____ los pantalones y las faldas sin doblarlos

   (folding them) por ahora. Vea el dibujo.

5. Preferimos que Ud. (meter) _____ las chaquetas y los vestidos boca arriba *(face up)*,

   y luego las camisas y los suéteres.

6. Ahora, con cuidado, aconsejamos que (doblar) _____ los pantalones y las faldas hacia

adentro.

7. Finalmente, insistimos en que (llevar) _____ los cosméticos en una bolsa de mano.

E **Consejos.** *El Sr. Moreno conoce bien México y le da a Ud. recomendaciones sobre qué ver y hacer allí. Forme Ud. frases completas y use el subjuntivo. Siga el modelo.*

MODELO aconsejar/Ud. visitar Taxco
Yo le aconsejo que Ud. visite Taxco.

1. alegrarse/Ud. ir a pasar una semana en México

   _____

2. recomendar/Ud. aprovecharse de las muchas tiendas elegantes

   _____

3. esperar/Ud. divertirse en las bonitas playas *(beaches)*

   _____

4. aconsejar/Ud. visitar el Museo de Antropología

   _____

5. estar contento de/Ud. querer ir a Guadalajara

   _____

6. sugerir/Ud. pasar unas horas en Chapultepec

   _____

7. insistir en/Ud. mirar las ruinas mayas

   _____

8. recomendar/Ud. descansar un poco después de tanto turismo

   _____

F **Para no tener un accidente.** *Un padre le da consejos a su hijo sobre su forma de conducir. Llene Ud. el espacio con la forma correcta del verbo entre paréntesis en el indicativo o el subjuntivo.*

1. Siempre es importante que tú (tener) _____ cuidado cuando manejas.

2. Aconsejo que tú (frenar) _____ cuando el semáforo está en rojo.

3. Sugiero que tú (llenar) _____ el tanque antes de hacer un viaje largo.

4. Insisto en que tú (estacionar) _____ legalmente.

5. Prohíbo que tú (conducir) _____ en el centro cuando hay mucha circulación.

6. No dudo que tú (ser) _____ muy inteligente.

7. Espero que tú nunca (hacer) _____ autostop.

8. Si el motor hace ruido, recomiendo que tú (ir) _____ directamente a

   una gasolinera.

9. Si un policía te para, quiero que tú le (mostrar) _____ tu licencia

   de conducir.

10. No niego que tú (saber) _____ que está prohibido exceder el límite de

   velocidad.

G **Todo el mundo viaja en tren.** *Lea Ud. el siguiente anuncio de RENFE sobre los servicios para la gente que viaja por tren. Luego, haga recomendaciones para las siguientes personas. Use un verbo de cada grupo y siga el modelo.*

TARJETA FAMILIAR

Permite conseguir descuentos del 50 al 75% a partir de 3 viajeros. Menores de 4 años no pagan. La tarjeta Familiar o libro de familia permite obtener la tarjeta "Rail Europa Familiar", válida para descuentos en toda Europa, en días azules. Descuento del 80 al 100% en Auto-Expreso.

FACTURACIÓN EQUIPAJES Y ANIMALES DOMÉSTICOS

Una familia podrá facturar hasta un tope de 500 kg. Los animales domésticos viajarán con la familia en su departamento de cama o, si lo desea, en nuestras perreras especiales.

ESPECIAL PAREJAS

Para viajar con su pareja en coche cama. Todos los días azules. Su acompañante sólo paga 2.000 pesetas adicionales al precio de su billete.

TARJETA JOVEN

Para viajar por la mitad, en días azules. Para jóvenes entre 12 y 16 años. Renfe regala con la Tarjeta un recorrido gratis en litera. Sólo necesitas presentar el D.N.I. Sólo necesitas 2.500 Ptas., y poco más, para viajar por Europa. Ser joven con Renfe es una ventaja.

AUTO EXPRESO:

Para viajar en tren con coche. Dependiendo del número de billetes y del trayecto, los descuentos en Días Azules podrán oscilar entre un 20 y un 100%.

COCHE GUARDERIA:

Para niños entre 2 y 11 años de edad. Atendidos durante el viaje por diplomados en puericultura. La guardería se abre 15 minutos después de iniciado el viaje y se cierra 15 minutos antes de finalizar.

AVISO: Los días azules de RENFE son los días en los que hay un descuento para los pasajeros.

MODELO Inés es una chica de 15 años. Quiere visitar a su abuela en Zaragoza.
Yo recomiendo que ella compre la tarjeta joven.

$$
\left.\begin{array}{l}
\text{aconsejar} \\
\text{recomendar} \\
\text{sugerir}
\end{array}\right\} \quad \text{y} \quad \left\{\begin{array}{l}
\text{aprovecharse de} \\
\text{escoger} \\
\text{comprar}
\end{array}\right.
$$

1. Stefano y Ana quieren hacer un viaje de luna de miel *(honeymoon)* por la provincia de Galicia.

   _____

2. La familia Montañeros se muda *(is moving)* de Madrid a Valencia. La familia quiere viajar en tren pero no saben qué hacer con su coche.

   _____

3. En la familia Sopeña hay seis niños de 3 a 15 años.

   _____

4. La Sra. Oviedo quiere llevar su perro a Toledo para un concurso de perros *(dog show)*.

   _____

H **Formas de viajar.** *Llene Ud. el espacio con la forma correcta del verbo entre paréntesis en el indicativo, el subjuntivo o el infinitivo.*

A mí, me gusta mucho 1.(viajar) _____. Prefiero que mis amigos 2.(viajar)

_____ conmigo, pero no es necesario que ellos me 3.(acompañar)

_____. Si vienen conmigo, yo les aconsejo que 4.(hacer—ellos)

_____ las reservaciones temprano. Si vamos por avión, les digo que

5.(pedir—ellos) _____ asientos en la sección de no fumar. Si vamos por tren,

sugiero que ellos 6.(comprar) _____ boletos para el coche-cama porque es

importante 7.(estar) _____ cómodo. Si vamos por barco, es necesario que el

viaje 8.(ser) _____ breve. Creo que un viaje largo por barco 9.(poder)

_____ ser aburrido. Yo les digo a mis amigos que yo siempre 10.(aprender)

_____ algo nuevo cuando viajo.

I **¿Qué es lo que nos pasó?** *Para practicar el uso de* **se** *para expresar eventos inesperados (unexpected events), llene Ud. el espacio con la forma correcta del verbo entre paréntesis en el pretérito.*

MODELO Se nos (ir) *fue* el taxi.

1. Se nos (romper) _____ las copas de cristal.

2. Se nos (ir) _____ el último autobús para el centro de la ciudad.

3. Se nos (acabar) _____ todo nuestro dinero.

4. Se nos (olvidar) _____ los nombres de algunos de los guías turísticos.

5. Se nos (perder) _____ nuestros cheques de viajero.

6. Se nos (caer) _____ el vino durante la cena.

7. Se nos (olvidar) _____ el nombre del hotel donde hicimos las reservaciones.

J **¿A quién le pasó lo siguiente?** *Para practicar más el uso de* **se** *para expresar eventos inesperados, llene Ud. el espacio con el pronombre del complemento indirecto (indirect object pronoun) apropiado, según el modelo.*

MODELO *A mí, se me ocurrió una idea estupenda.*

1. A ti, se _____ ocurrió una idea ridícula.

2. A Juan, se _____ perdieron las entradas para el teatro.

3. A nosotros, se _____ acabó el helado.

4. A Marta y Elena, se _____ rompió la ventana de su cuarto.

5. A mí, se _____ cayeron las galletas.

6. A Uds., se _____ fue el avión.

K **Preparativos de viaje.** *Use Ud. los verbos entre paréntesis para explicar qué les pasó a las siguientes personas cuando hacían sus preparativos de viaje. Siga el modelo.*

MODELO Lilia/gafas de sol (romper)
A Lilia se le rompieron las gafas de sol.

1. Eduardo/los mapas de la autopista (perder)

_____

2. Nora/hacer las reservaciones del hotel (olvidar)

_____

3. Guillermo y Flora/el taxi (ir)

_____

4. Nicolás/las cámaras (caer)

_____

5. Marcela y Gilda/la gasolina en su coche (acabar)

_____

6. Jorge/la licencia de conducir (perder)

_____

L **Practiquemos los mandatos.** _Complete Ud. la tabla con la forma correcta de los verbos siguientes._

Infinitivo	Mandato, _nosotros_	Infinitivo	Mandato, _nosotros_
bajar	bajemos	pedir	
vender		dormir	
subir		buscar	
conocer		pagar	
traer		comenzar	
escoger		saber	
construir		dar	

M **Practiquemos con pronombres.** _Complete Ud. la tabla con la forma correcta de los verbos siguientes._

Infinitivo	Mandato afirmativo	Mandato negativo
probárselo	probémonoslo	no nos lo probemos
ponérselas		
dormirse		
irse		
vestirse		
traerlos		
comprárselos		
hacerlo		

© 2004 Heinle

N **Traducciones.** *Raúl y Tino, dos estudiantes mexicanos, hablan de cómo pasar las vacaciones.*

RAÚL: I have a great idea. Let's visit New York. They say that it's a very interesting city.

_____

TINO: No, let's not go there. I went to New York in December and had a terrible time.

_____

RAÚL: Why? What happened to you there?

_____

TINO: First, I missed my plane. Then I lost my passport. After that, I ran out of money.

_____

RAÚL: Okay. Let's stay here in Mexico. Let's call Ana and Rosa to tell them.

_____

Composición

Guía para turistas. *Ud. trabaja en la oficina de turismo de su ciudad. Escriba unos párrafos en los que Ud. explica qué atracciones hay en su ciudad. Incluya recomendaciones para turistas, y use algunos de los siguientes verbos.*

aconsejar   recomendar   insistir en   sugerir

_____

_____

_____

_____

_____

_____

_____

_____

_____

_____

_____

_____

_____

_____

_____

_____

_____

_____

Lección

12 Busco un hotel que tenga...

Vocabulario

A **El hotel de lujo.** *¿Qué necesitan los siguientes huéspedes? Siga el modelo.*

MODELO La señorita Valdés quiere nadar.
Necesita una piscina.

1. La señora Contreras necesita ayuda con su equipaje.

_____

2. El señor Rivas tiene una habitación en el séptimo piso, pero no quiere subir la escalera.

_____

3. El señor Rodríguez no quiere pagar con dinero.

_____

4. Las hermanas García quieren tomar el sol.

_____

5. La señora Goytisolo tiene un vestido para planchar.

_____

6. La señorita Castillos quiere comprar un periódico.

_____

7. La señora Palacio quiere ver obras de arte.

_____

8. Los señores Hernández quieren tomar un taxi.

_____

9. La señorita Moreno quiere echar una carta.

_____

10. Los señores Molina tienen calor en su habitación.

_____

B **Actividades en el hotel.** _Nombre Ud. una actividad que Ud. hace en los siguientes lugares._

MODELO la piscina
Yo nado en la piscina.

1. el ascensor _____

2. el balcón _____

3. la playa _____

4. la parada de taxi _____

5. la recepción _____

6. la lavandería _____

7. el correo _____

8. el quiosco _____

C **Pares.** _Busque Ud. en la segunda columna la palabra o expresión asociada con el verbo en la primera columna._

_____	1. firmar	A.	mucho dinero
_____	2. alojarse en	B.	la calle
_____	3. prender	C.	una carta
_____	4. hacer	D.	un hotel
_____	5. tomar	E.	la maleta
_____	6. dar a	F.	un cheque
_____	7. cobrar	G.	la luz
_____	8. echar	H.	el sol

Forma y función

D **¿Existe un hotel lujoso?** *Llene Ud. los espacios con una de las siguientes frases, escogiendo el indicativo o el subjuntivo según el contexto.*

MODELO ...hotel que __es__ lujoso.
...hotel que __sea__ lujoso.

1. Este verano queremos quedarnos en un _____.

2. No hay ningún _____.

3. Durante las vacaciones yo siempre me quedo en un _____.

4. Mamá conoce un _____.

5. ¿Hay algún _____?

6. Los abuelos buscan un _____.

7. Necesitan quedarse en un _____.

8. Aquí hay un _____.

9. Juan espera encontrar un _____.

10. La familia Sopeña siempre se aloja en un _____.

E **Más cosas que tenemos y más cosas que queremos.** *Cuando viajan, los García nunca están contentos. Llene Ud. el espacio con la forma apropiada del verbo entre paréntesis en el indicativo o el subjuntivo.*

1. Tenemos un baño en nuestro hotel que (tener) _____ una bañera, pero

   queremos un baño que (tener) _____ una ducha.

2. Tenemos una criada que (limpiar) _____ el cuarto por la tarde, pero

   necesitamos una criada que (limpiar) _____ el cuarto por la mañana.

3. Aquí hay un recepcionista que (saber) _____ hablar portugués, pero

   necesitamos un recepcionista que (saber) _____ hablar español.

4. En nuestro hotel hay un gimnasio que (estar) _____ abierto *(open)* todo

   el día, pero buscamos un gimnasio que (estar) _____ abierto toda la noche.

5. Tenemos una habitación que (ser) _____ muy cara, pero queremos una

   habitación que (ser) _____ muy barata.

6. En nuestro hotel hay una cafetería que (servir) _____ café brasileño, pero

   queremos encontrar una cafetería que (servir) _____ café colombiano.

7. El taxista *(taxi driver)* aquí no (conocer) _____ bien la ciudad, pero

   necesitamos un taxista que (conocer) _____ bien la ciudad.

8. El guía turístico nos (llevar) _____ a los museos de arte, pero buscamos

   un guía que nos (llevar) _____ a los museos de historia.

F **Prefiero este hotel.** *Ud. tenía reservaciones en el Aruba Concorde Hotel, pero al último momento el hotel tuvo que cancelarlas. Su agente quiere buscar otro hotel que sea igual. Lea Ud. la descripción del Aruba Concorde, y dígale al agente seis cosas que debe tener el nuevo hotel para ser igual. Siga el modelo.*

MODELO   (El Aruba Concorde está junto a la playa.)
             Quiero un hotel que esté junto a la playa.

Aruba Concorde Hotel-Casino

Un hotel de cinco estrellas junto a una playa...¡de cinco estrellas! 500 habitaciones de lujo todas con vista al mar, dos camas dobles, televisión vía satélite a colores, refrigerador, caja de seguridad,¹ teléfono directo... Piscina olímpica con bar restaurante Tres restaurantes formales, cafetería y club nocturno donde se presentan las figuras de renombre² internacional.

Todos los deportes acuáticos³...Desde la vela⁴ y la tabla hawaiiana⁵ hasta el buceo⁶ y la pesca en alta mar.⁷
El casino mayor del Caribe con 3 mesas de dados,⁸ 6 de ruleta, 19 de blackjack, 2 de baccarat, rueda⁹ de la fortuna desde la 1 p.m... Y más de 200 máquinas tragamonedas¹⁰ abiertas desde las 10 a.m.
Juegos electrónicos. La mayor galería comercial de la isla, con boutiques, farmacia, delicatessen, joyería,¹¹ salón de belleza.

ARUBA CONCORDE HOTEL CASINO, Aruba. Antillas Holandesas. Telf: 24466. Telex: 384-5011 ARUCO
MIAMI: 848 Brickell Ave., Suite 1100. Miami, FL 33131 (305)3252.

¹*safe*
²*renown*

³*water sports*
⁴*sailing*
⁵*surfing*
⁶*skin diving*
⁷*deep sea fishing*

⁸*dice*
⁹*wheel*
¹⁰*slot machine*
¹¹*jewelry store*

1. (El Aruba Concorde es de cinco estrellas.)

   _____

2. (El Aruba Concorde ofrece televisión vía satélite a colores.)

   _____

3. (El Aruba Concorde presenta figuras famosas en su club nocturno.)

   _____

4. (El Aruba Concorde tiene una piscina olímpica.)

   _____

Ahora, escriba Ud. dos frases originales sobre lo que Ud. quiere encontrar en el nuevo hotel.

5. _____

6. _____

G **¿El sexto o el séptimo?** *Ud. maneja el ascensor en el Hotel Lujoso. Mire Ud. el directorio y dígales a los siguientes huéspedes en qué piso deben bajar para encontrar lo que buscan. Siga el modelo.*

DIRECTORIO

1 Recepción, Tienda de regalos	6 Café Brasil
2 Oficina del gerente, Lavandería	7 Sauna, Piscina
3 Oficina de turismo, Correo	8 Comedor, Farmacia
4 Quiosco, Zapatería	9 Clases de aeróbicos
5 Cocina, Guardería *(nursery)*	10 Habitaciones de lujo

MODELO   Sra. Campos, nadar
   ¡Piscina: séptimo piso!

1. El Sr. Cárdenas, medicinas _____

2. La Sra. Vargas, un recuerdo _____

3. El Sr. Gómez, hacer ejercicio _____

4. La Sra. Trujillo, hablar con la cocinera _____

5. La Srta. Núñez, tomar un café _____

6. La Srta. Duende, un periódico _____

7. El Sr. Arbucías, sellos _____

8. La Sra. Oliveras, lavar la ropa _____

9. El Sr. Ordóñez, un itinerario de viaje _____

10. La Sra. Suárez, una habitación elegantísima _____

© 2004 Heinle

H **Comparaciones.** *Llene Ud. el espacio con las palabras apropiadas* (**más, menos, tan, tanto,** *etc.) para formar comparaciones.*

1. Esa habitación por 3.000 pesetas es _____ cara _____ esa habitación por

   2.500 pesetas.

2. Esa habitación por 2.200 pesetas es _____ cara _____ esa habitación por

   3.400 pesetas.

3. Esa habitación por 2.000 pesetas es _____ cara _____ esa habitación por

   2.000 pesetas.

4. Ese cepillo por 200 pesetas cuesta _____ dinero _____ ese champú por 150 pesetas.

5. Ese champú por 150 pesetas cuesta _____ dinero _____ ese cepillo por 200 pesetas.

6. Esa pasta dental por 150 pesetas cuesta _____ dinero _____ ese cepillo por

   150 pesetas.

I **Comparaciones en el hotel.** *Las siguientes frases sobre el Hotel Aruba Concorde son falsas. Lea Ud. el anuncio del ejercicio F y corríjalas, diciendo si el hotel tiene más o menos. Siga el modelo.*

Vocabulario útil

dados = *dice*   **rueda** = *wheel*   **máquinas tragamonedas** = *slot machines*

MODELO El casino mayor tiene 2 mesas de dados.
           Falso. El casino mayor tiene más de dos mesas de dados.

1. El casino mayor tiene 198 máquinas tragamonedas.

   Falso. _____

2. El hotel tiene 650 habitaciones.

   Falso. _____

3. Hay 4 restaurantes formales.

   Falso. _____

4. Hay 18 mesas de blackjack.

   Falso. _____

5. El hotel tiene 6 farmacias.

   Falso. _____

6. El anuncio menciona 2 deportes acuáticos.

   Falso. _____

7. Cada habitación tiene 4 camas dobles.

   Falso. _____

8. Es un hotel de 3 estrellas *(stars)*.

   Falso. _____

J **¿Mejores o peores?** *Exprese sus opiniones sobre lo que ofrece el Hotel Aruba Concorde según el modelo.*

MODELO piscina olímpica/clases de gimnasia aeróbica
Una piscina olímpica es mejor (peor) que clases de gimnasia aeróbica.

1. tres restaurantes formales/una cafetería

   _____

2. una farmacia/un salón de belleza

   _____

3. estar junto a *(next to)* la playa/estar en el centro de la ciudad

   _____

4. un club nocturo/una discoteca

   _____

5. jugar muchos deportes acuáticos/jugar muchos juegos electrónicos

   _____

6. un hotel de dos estrellas/un hotel de cinco estrellas

   _____

7. tener refrigerador/tener teléfono directo

   _____

8. quedarse aquí por un mes/quedarse aquí por una semana

   _____

K **Traducciones.** *Fátima piensa viajar a México y habla con el agente de viajes.*

1. **AGENTE:** How may I help you?

   _____

2. **FÁTIMA:** I want to spend a week in Acapulco but I need information.

   _____

3. **AGENTE:** What do you want to know?

   _____

4. **FÁTIMA:** Do you know a hotel that costs less than $25.00 for a double room? And are there flights that leave at 7:00 in the morning? And can I find restaurants that serve hot dogs and hamburgers?

   _____

   _____

   _____

   _____

5. **AGENTE:** Please, speak slower and permit me to answer.

   _____

Composición

El más lujoso de todos. *Refiriéndose al anuncio del ejercicio F, escriba un anuncio para un hotel aún (even) más lujoso y grande que el Aruba Concorde. Incluya por lo menos seis comparaciones entre el nuevo hotel y el Aruba Concorde. Si quiere, puede ilustrar su anuncio.*

Lección

13 ¡Ay, doctor!

Vocabulario

A **Clase de anatomía.** *Nombre Ud. las partes indicadas del cuerpo humano. Use el artículo definido.*

MODELO *la cabeza*

1._____   13._____

2._____   14._____

3._____   15._____

4._____   16._____

5._____   17._____

6._____   18._____

7._____   19._____

8._____   20._____

9._____   21._____

10._____   22._____

11._____   23._____

12._____   24._____

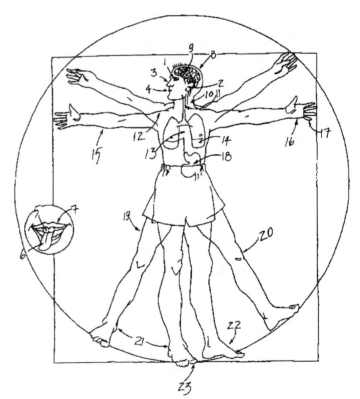

© 2004 Heinle

B **¿Para qué sirven?** *Indique Ud. las varias partes del cuerpo que usamos para hacer las siguientes acciones. ¡Ojo!* (Careful!) *En algunos casos hay varias respuestas correctas.*

1. estudiar:

_____

_____

_____

4. correr *(to run)*:

_____

_____

_____

2. escuchar música:

_____

_____

_____

5. hablar:

_____

_____

_____

3. escribir:

_____

_____

_____

6. jugar al tenis:

_____

_____

_____

C **Problemas y síntomas.** *Relacione Ud. las palabras de la segunda columna con los problemas de la primera columna. Luego forme una frase completa, según el modelo.*

MODELO   dolor de estómago/estar mareado
             Cuando tengo dolor de estómago estoy mareado.

_____ 1. apendicitis

_____ 2. un catarro

_____ 3. fiebre

_____ 4. dolor de cabeza

_____ 5. el tobillo hinchado

_____ 6. tos

_____ 7. úlceras

_____ 8. la gripe

A. necesitar tomar un jarabe

B. deber tomar antibióticos

C. tener un dolor fuerte de estómago

D. necesitar una operación

E. tomar aspirinas y descansar

F. tener una temperatura muy alta

G. tomar vitamina C y beber jugo de naranja

H. no poder caminar

1. _____
2. _____
3. _____
4. _____
5. _____
6. _____
7. _____
8. _____

D **Ud. es el (la) farmacéutico(a).** *Escriba Ud. la conversación que Ud. tiene con cada una de las siguientes personas. Incluya una descripción de los síntomas y un remedio. Refiérase a las expresiones de la sección* **Así se dice** *en el texto en la página 423 y el vocabulario de esta lección. Siga el modelo.*

MODELO La Sra. Esquival/la gripe
——*Buenos días, Sra. Esquival. ¿Cómo se siente? Está muy pálida.*
——*Buenos días. Me siento fatal. Tengo la gripe y me duele mucho la cabeza.*
——*Bueno, le sugiero que tome estas aspirinas y estos antibióticos.*

1. El Sr. Villalobos/catarro

_____

_____

_____

_____

2. La Srta. Carreño/fiebre

_____

_____

_____

_____

3. La Sra. Monteros/tos

_____

_____

_____

_____

Forma y función

© 2004 Heinle

E **Los participios pasados y la salud.** *Forme Ud. el participio pasado de los siguientes infinitivos. Luego, úselos para describir el sustantivo (noun) indicado, y traduzca la frase al inglés. Siga el modelo.*

MODELO comer— la manzana
comido/la manzana comida/the eaten apple

1. cerrar—los consultorios

   _____ / _____ / _____

2. hinchar—los ojos

   _____ / _____ / _____

3. aliviar—el dolor

   _____ / _____ / _____

4. beber—la leche

   _____ / _____ / _____

5. romper—el corazón

   _____ / _____ / _____

6. recetar—los antibióticos

   _____ / _____ / _____

7. escribir—las instrucciones

   _____ / _____ / _____

8. abrir—la ventana

   _____ / _____ / _____

9. resolver—los problemas

   _____ / _____ / _____

10. hacer—el diagnóstico

    _____ / _____ / _____

F En la sala de espera. *Varios pacientes están en la sala de espera de la doctora Sopeña. Forme Ud. participios de los infinitivos entre paréntesis para saber cuáles son sus problemas. Siga el modelo.*

MODELO A José le duele la garganta porque la tiene (inflamar) <u>inflamada</u>.

1. La Sra. Oliveros tiene catarro y no puede respirar. Está (congestionar) _____.

2. La Srta. Ramos tiene la gripe. Tiene dolor de estómago y está un poco (marear) _____.

3. El Sr. Donoso se cayó en la escalera y tiene la pierna (romper) _____.

4. Jorgito Blanco tiene paperas *(mumps)*. Por eso tiene la cara y el cuello (hinchar) _____.

5. El Sr. Fontina se cortó el dedo y parece que tiene una infección porque está rojo y muy

   (inflamar) _____.

6. Antes la Sra. Galdós tuvo apendicitis. La operaron y ahora parece que está totalmente (curar)

   _____.

7. La Srta. Pérez tuvo un accidente de automóvil. Ahora no puede mover los dedos de la mano

   izquierda. Tiene la mano (lastimar) _____.

G ¿Y el resultado (result)? *José se quedó en casa hoy, ayudando a su mamá enferma. Explique Ud. cuáles son los resultados de sus acciones, usando el verbo* **estar** *+ el participio pasado. Siga el modelo.*

MODELO Preparó la sopa.
La sopa está preparada.

1. Hizo las camas. _____

2. Planchó la ropa. _____

3. Fregó el lavabo. _____

4. Arregló el salón. _____

5. Lavó los platos. _____

6. Limpió la cocina y la sala. _____

7. Cubrió el sofá. _____

8. Le escribió una carta a la abuela. _____

9. Les devolvió el azúcar a los vecinos. _____

10. No rompió nada. _____

H **Las formas de _haber_.** *Complete Ud. las tablas con las formas correctas del verbo* **haber.**

Presente del indicativo

Yo	_____	visto al médico.
Tú	_____	visto al médico.
Él/Ella/Ud.	_____	visto al médico.
Nosotros(as)	_____	visto al médico.
Vosotros(as)	_____	visto al médico.
Ellos/Ellas/Uds.	_____	visto al médico.

Presente del subjuntivo

Es bueno que yo	_____	hablado con la farmacéutica.
Es bueno que tú	_____	hablado con la farmacéutica.
Es bueno que él/ella/Ud.	_____	hablado con la farmacéutica.
Es bueno que nosotros(as)	_____	hablado con la farmacéutica.
Es bueno que vosotros(as)	_____	hablado con la farmacéutica.
Es bueno que ellos/ellas/Uds.	_____	hablado con la farmacéutica.

Imperfecto

Antes, yo siempre	_____	ido a la clínica.
Antes, tú siempre	_____	ido a la clínica.
Antes, él/ella/Ud. siempre	_____	ido a la clínica.
Antes, nosotros siempre	_____	ido a la clínica.
Antes, vosotros siempre	_____	ido a la clínica.
Antes, ellos/ellas/Uds. siempre	_____	ido a la clínica.

I **La salud.** *Juan se cuida bien, y siempre se ha cuidado bien. Cambie Ud. los verbos del presente al presente perfecto, según el modelo.*

MODELO   Juan visita al médico.
         Juan siempre ha visitado al médico.

1. Juan se levanta temprano. _____

2. Juan corre cuatro kilómetros. _____

3. Juan come muchas frutas. _____

4. Juan practica el ciclismo. _____

5. Juan bebe mucha agua. _____

Ahora, cambie todos los verbos de la sección anterior al pluscuamperfecto, según el modelo.

MODELO   Juan visita al médico.
         Juan había visitado al médico.

1. _____

2. _____

3. _____

4. _____

5. _____

Finalmente, cambie Ud. todos los verbos al presente perfecto del subjuntivo, según el modelo.

MODELO   Juan visita al médico.
         Yo dudo que Juan haya visitado al médico.

1. _____

2. _____

3. _____

4. _____

5. _____

J **Ud. y la salud.** *Conteste Ud. las siguientes preguntas usando el presente perfecto.*

1. ¿Ha comido Ud. conejo *(rabbit)* alguna vez?

   _____

2. ¿Ha tomado más de seis vitaminas en un día?

   _____

3. ¿Ha dormido 18 horas seguidas *(in a row)?*

   _____

4. ¿Se ha dormido en la sala de espera del médico?

   _____

5. ¿Ha pasado la noche en un hospital?

   _____

K **En la farmacia.** *Pablo visita la farmacia de su tía y ella le explica dónde se hacen todas las actividades. Forme Ud. frases completas usando el* **se** *pasivo, según el modelo.*

> **MODELO**   contestar/el teléfono
> *Aquí se contesta el teléfono.*

1. hacer/la penicilina

   _____

2. preparar/el jarabe

   _____

3. meter/las pastillas en las botellas

   _____

4. encontrar/la aspirina

   _____

5. vender/termómetros

   _____

6. escribir/la lista de los ingredientes

   _____

7. decidir/los precios

   _____

8. contar/las píldoras

   _____

9. poner/las vitaminas

   _____

10. consultar/la enciclopedia de la farmacéutica

    _____

L **Traducciones.** *Un día en el hospital.*

1. Sandra returned from the hospital yesterday.

   _____

2. She had gone to the emergency room because she was suffering from stomach pains.

   _____

3. She had complained about a sore throat, also.

   _____

4. The doctor prescribed an antibiotic and told her that she had to rest.

   _____

5. She has followed his advice and is taking care of herself.

   _____

Composición

M **Un nuevo producto.** *Lea Ud. el siguiente anuncio de Tylenol. Ahora piense en un producto nuevo (o uno que ya existe) y escriba una descripción de sus beneficios. Diga para qué sirve el producto y por qué es mejor que otros productos. Luego, escriba un anuncio creativo.*

¿Me duele?
No me duele.
¿Me duele?
No me duele.
No me duele.
No me duele.

TYLENOL
acetaminofén
Está que acaba con el dolor de cabeza.
Use según se indica. ®J&J 90

NOMBRE DEL PRODUCTO:_____

DESCRIPCIÓN: _____

_____

_____

_____

_____

_____

_____

Lección

14 La vida deportiva

Vocabulario

A **Soñar despiertos (Daydreaming).** *Hoy los estudiantes están aburridos y todos piensan en las actividades que les gusta hacer. Mire el dibujo y conteste las preguntas que siguen con frases completas.*

María Teresa Lucinda Vera Nicolás Guillermo Leo Ricardo Susana Mario

¿Qué deporte juega(n)/hace(n)/practica(n)...

1. María Teresa? _____

2. Leo, Susana y Ricardo? _____

3. Vera? _____

4. Mario? _____

5. Guillermo? _____

6. Lucinda? _____

7. Nicolás? _____

8. ¿Qué hace Leo con la pelota? _____

9. ¿Qué hace Susana con la pelota? _____

10. ¿Qué quiere hacer Ricardo con la pelota? _____

11. ¿Cuál de los deportes le interesa más a Ud.? ¿Por qué? _____

_____

B **¿Dónde?** *¿En qué lugar se juegan los siguientes deportes? Siga el modelo.*

MODELO jugar al fútbol
Se juega al fútbol en un estadio.

1. jugar al tenis _____

2. nadar _____

3. jugar al béisbol _____

4. practicar el ciclismo _____

5. jugar al fútbol americano _____

C **¿Qué hacen?** *Diga Ud. qué hacen las siguientes personas. Siga el modelo.*

MODELO el espectador
El espectador mira los partidos.

1. el aficionado: _____

2. el futbolista: _____

3. el tenista: _____

4. el campeón: _____

5. el ciclista: _____

6. el entrenador: _____

7. el pelotero: _____

8. el nadador: _____

Forma y función

D **El futuro.** *Complete Ud. la tabla con las formas correctas de los verbos en el tiempo futuro.*

	yo	tú	él, ella, Ud.	nosotros(as)	vosotros(as)	ellos, ellas, Uds.
esquiar						
vencer						
sonreír						
decir						
hacer						
haber						
poder						
poner						
querer						
saber						
salir						
tener						
venir						

E **En cinco años.** *Forme Ud. el tiempo futuro de los verbos entre paréntesis y termine las frases para decir qué harán las siguientes personas en cinco años. Siga el modelo.*

En cinco años…

1. yo (vivir) _____

2. yo (tener) _____

3. yo (querer) _____

4. mi familia (estar) _____

5. mi compañero(a) de cuarto (venir) _____

6. mi hermano(a) (ser) _____

7. mi mejor amigo(a) (hacer) _____

8. yo (poder) _____

F **¿Quiénes lo harán?** *Llene Ud. los espacios con la forma correcta de los verbos entre paréntesis en el tiempo futuro.*

1. En el partido de béisbol mañana, yo (lanzar) _____ la pelota, Susana

   (jugar) _____ primera base, Marcos (estar) _____ en la segunda

   base y Roberto y Carlos (coger) _____. Tú (batear) _____ primero.

2. En el partido de fútbol que (tener) _____ lugar el domingo, papá nos (entrenar)

   _____, todos nosotros (correr) _____ rápido y el otro equipo (perder)

   _____ porque nosotros (vencer) _____.

3. El año que viene, yo (dejar) _____ de jugar al fútbol y (empezar)

   _____ a montar a caballo. Roberto y Carlos (aprender) a nadar y Susana (patinar)

   _____. Tú (comenzar) _____ a jugar al golf, ¿no?

G **¿Cómo jugamos?** *Forme Ud. adverbios de los adjetivos siguientes. Luego forme frases completas, incorporando los adverbios para describir cómo las personas hacen las actividades. Siga el modelo.*

MODELO lento—*lentamente*
           mi abuela/correr—*mi abuela corre lentamente.*

1. activo _____   6. obsesivo _____

2. ágil _____   7. vigoroso _____

3. animado _____   8. lento _____

4. débil _____   9. perfecto _____

5. constante _____   10. terrible _____

1. mis hermanos/nadar _____

2. mi padre/jugar al básquetbol _____

3. mi abuelo/esquiar _____

4. yo/montar a caballo _____

5. mis amigos y yo/correr _____

6. mis primos/patinar _____

7. mi mejor amigo/practicar el ciclismo _____

8. mis hermanas/practicar el boxeo _____

9. mis tíos/jugar al tenis _____

10. mi prima/practicar la natación _____

H **¿Cuándo jugamos?** *Ahora, vuelva a escribir las frases del ejercicio G, expresando ahora con qué frecuencia Uds. hacen las actividades. Use Ud. los adverbios de frecuencia que siguen.*

mucho, poco, nunca, siempre, todos los días, raramente, de vez en cuando, frecuentemente, a menudo, todas las semanas

MODELO   *Mi abuela nunca corre.*

1. _____

2. _____

3. _____

4. _____

5. _____

6. _____

7. _____

8. _____

9. _____

10. _____

I **El partido de béisbol.** *Llene Ud. los espacios con la forma correcta del verbo en el presente del subjuntivo.*

MODELO   *No puedo jugar al tenis contigo hasta que mamá <u>me compre</u> una raqueta.*

1. Rogelio lanzará hasta que le (doler) _____ el brazo.

2. Carlos correrá en cuanto Rogelio (lanzar) _____ la pelota.

3. Luis bateará tan pronto como él (ver) _____ la pelota.

4. Nuestro equipo ganará en cuanto Óscar (batear)_____ un jonrón.

5. Saldré del estadio después de que el partido (terminar) _____ .

J **Ahora, en el pasado.** *Cambie Ud. todos los verbos del ejercicio I al pasado.*

1. Rogelio lanzó hasta que le (doler) _____ el brazo.

2. Carlos corrió en cuanto Rogelio (lanzar) _____ la pelota.

3. Luis bateó tan pronto como él (ver) _____ la pelota.

4. Nuestro equipo ganó en cuanto Óscar (batear) _____ un jonrón.

5. Salí del estadio después de que el partido (terminar) _____ .

K **¿Cuándo pueden jugar?** *Mire los siguientes dibujos y luego escriba frases que describan qué pasa en cada uno. Siga el modelo.*

MODELO *Tan pronto como Estefanía escriba su carta, va a esquiar.*

Estefanía
tan pronto como

1. _____

_____

Eduardo
cuando

2. _____

_____

Mauricio
después de que

3. _____

_____

Berta
en cuanto

4. _____

_____

Dorotea
cuando

L **Unas vacaciones deportivas.** *Llene Ud. los espacios con la forma correcta del verbo entre paréntesis en el presente del subjuntivo o con el infinitivo.*

1. Durante las vacaciones yo practicaré el golf hasta (poder) _____ jugar bien.

2. Jugaré al tenis con Sara hasta que ella (aburrirse) _____.

3. Nadaré en cuanto (hacer) _____ calor.

4. Montaré a caballo después de (seguir) _____ unas lecciones.

5. Haré ejercicios aeróbicos antes de que el gimnasio (cerrarse) _____.

6. Practicaré el tenis antes de (participar) _____ en una competencia.

7. Desarrollaré mi forma de batear tan pronto como el entrenador me (ayudar) _____.

M **Traducciones.** *Maura y Paula hablan del fin de semana.*

1. **MAURA:** Are you going to ski this weekend?

   _____

2. **PAULA:** No, I'm going to skate with Raquel.

   _____

3. **MAURA:** I'll go with you. I love to skate. What time will you go?

   _____

4. **PAULA:** We can't leave until Raquel finishes her homework.

   _____

5. **MAURA:** Well, call me when you're ready.

   _____

Composición

N **La importancia de una vida (life) activa.** *¿Son importantes los deportes en su vida? Escriba una breve composición en la que Ud. explica por qué participar en un deporte es (o no es) importante físicamente, sicológicamente, emocionalmente, etc.*

_____

_____

_____

_____

_____

_____

_____

_____

_____

_____

_____

_____

_____

_____

_____

_____

_____

_____

Lección

15 Hay que divertirse

Vocabulario

A **Asociaciones.** *Para cada dibujo, escriba palabras o expresiones que se asocien con la palabra en el centro.*

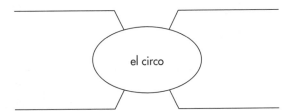

el circo

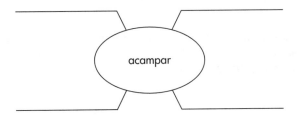

acampar

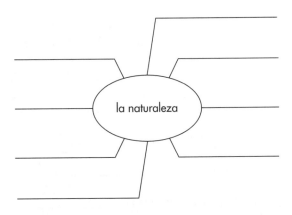

la naturaleza

B **¿Dónde se encuentra...?** *Diga Ud. dónde se encuentran las cosas siguientes. Puede usar cada lugar más de una vez.*

___ 1. el payaso	___ 5. el tiburón	A. el río	E. el bosque
___ 2. el oso	___ 6. la estrella	B. el cielo	F. el circo
___ 3. el bote	___ 7. la tortuga	C. el océano	G. el lago
___ 4. el pájaro	___ 8. la rana	D. la selva	H. el acuario

Ahora, forme Ud. frases completas, según el modelo.

MODELO *El payaso se encuentra en el circo.*

1. _____

2. _____

3. _____

4. _____

5. _____

6. _____

7. _____

8. _____

C **Descripciones.** *Busque el adjetivo de la lista siguiente que describa cada cosa en la lista. Hay varias posibilidades. Luego escriba una frase descriptiva usando la forma correcta del adjetivo según el modelo. Refiérase también al* **Vocabulario adicional** *en la página 459.*

MODELO gracioso/chistes *los chistes graciosos*

salvaje	intenso	panorámico	puro	indígena
soleado	mundial	contaminado	chistoso	feroz

1. tigres _____   6. agua _____

2. cielo _____   7. aire _____

3. payasos _____   8. vista _____

4. gente _____   9. leones _____

5. calor del desierto _____   10. paz _____

Forma y función

D **El imperfecto del subjuntivo.** *Complete Ud. la siguiente tabla con las formas correctas del imperfecto del subjuntivo de los verbos indicados.*

	disfrutar	hacer	dormirse
yo			
tú			
él, ella, Ud.			
nosotros(as)			
vosotros(as)			
ellos, ellas, Uds.			

E **Cortesía, por favor.** *Exprese Ud. las siguientes frases de una forma cortés, cambiando el verbo subrayado del presente del indicativo al imperfecto del subjuntivo. Siga el modelo.*

MODELO ¿<u>Puede</u> Ud. acompañarme?
¿Pudiera Ud. acompañarme?

1. <u>Quiero</u> preguntarte algo. _____

2. Ud. <u>debe</u> manejar con cuidado. _____

3. ¿<u>Pueden</u> Uds. ayudarnos? _____

4. <u>Queremos</u> tomar una siesta. _____

F **El viaje por la selva.** *Ud. escribe una novela sobre una familia muy excéntrica. En este capítulo, la familia está navegando por un río en Costa Rica. Llene Ud. el espacio con la forma correcta del verbo entre paréntesis en el imperfecto del subjuntivo.*

CAPÍTULO ONCE: EN COSTA RICA

Cordelia miraba la selva mientras el pequeño bote seguía por el río. «¡Qué mala idea venir

aquí para las vacaciones!» dijo. «Ya dije que no era buena idea que 1. (venir—nosotros)

_____ aquí. Yo quería que todos 2. (ir—nosotros) _____ a Nueva York

para que yo 3. (poder) _____ pasarlo bien en los restaurantes y tiendas elegantes. Pero

Terencio insistía en que nosotros 4. (escoger) _____ este lugar tan remoto. ¿Y para

qué? Para que él 5. (poder) _____ pescar todos los días. Yo quiero volver en seguida.»

En este momento Pedro le preguntó, «Pero, ¿por qué estás tan triste, Cordelia? Creía que te

gustaba la idea con tal que yo 6. (estar) _____ aquí contigo».

Cordelia contestó cordialmente, «Si quieres saber la verdad, estoy muy aburrida. Le pedí a

Amparo que no le 7. (hacer) _____ caso a Terencio y sus ideas estúpidas. Pero ella

sólo quería que él 8. (estar) _____ contento».

Pedro iba a decirle algo cuando la voz de Terencio rompió el silencio del río. «¡Miren!…

¡Una rana exótica! ¡Qué fascinante! ¿Ahora piensan Uds. que era mala idea que

9. (decidir—nosotros) _____ hacer este viaje? ¡No sabía que este viaje 10. (poder)

_____ ser tan interesante! Era maravilloso que nosotros 11. (hacer)

_____ este viaje. ¿No lo creen?»

G **Para expresar un propósito o la dependencia.** *Complete Ud. las siguientes frases con las conjunciones apropiadas para formar una lista de expresiones que siempre requieren el uso del subjuntivo. Luego, traduzca cada frase al inglés.*

No voy al circo	_____ (unless)	tú me acompañes.
Vamos a disfrutar del lago	_____ (without)	nadie nos moleste.
Traigo un saco de dormir	_____ (in case)	pensemos acampar.
La familia piensa ir al circo	_____ (in order that)	los niños vean a los payasos.
Pienso escalar el volcán	_____ (provided that)	no sea peligroso.
Tenemos que arreglar la tienda	_____ (before)	tú puedas tomar una siesta.

1. _____

2. _____

3. _____

4. _____

5. _____

6. _____

H **¿Preposición o conjunción?** *Llene Ud. el espacio con la forma correcta del verbo en el subjuntivo o con el infinitivo. Siga el modelo.*

MODELO Voy al parque para (montar) **montar** a caballo y Susana va al parque para que su hija (montar) **monte** en bicicleta.

1. Marta va a la playa para (nadar) _____ y Pedro va a la playa para que su esposa (poder) _____ nadar.

2. Vamos a arreglar la tienda de campaña antes de (cenar) _____ y vamos a preparar los sacos de dormir antes de que José (volver) _____.

3. Vamos a comer dentro de la tienda de campaña para (estar) _____ más cómodos y para que los mosquitos no nos (molestar) _____.

4. Acampamos para (disfrutar) _____ de la paz y para que papá (pescar) _____.

5. Voy a pasearme por el bosque sin (acercarse) _____ a los osos y sin que los insectos me (descubrir) _____.

I **Las vacaciones ideales.** *Llene Ud. el espacio con la forma correcta del verbo entre paréntesis en el subjuntivo.*

1. Para mí, las vacaciones ideales son pasar unos días en casa sin que nadie me (llamar) _____.

2. Me gusta estar en casa con tal de que (haber) _____ programas de televisión de interés.

3. Es importante para mí pasar tiempo solo para que yo (poder) _____ leer y descansar.

4. A menos que (ser) _____ necesario, prefiero no comunicarme con nadie.

5. En caso de que yo (necesitar) _____ algo, siempre puedo ir al mercado y volver sin que nadie me (ver) _____.

J **Dibujos analíticos.** *Complete Ud. los siguientes dibujos para analizar la correlación de tiempos* (sequence of tenses) *con el presente y el presente perfecto del subjuntivo. Luego, traduzca las frases al inglés. Siga el modelo.*

MODELO

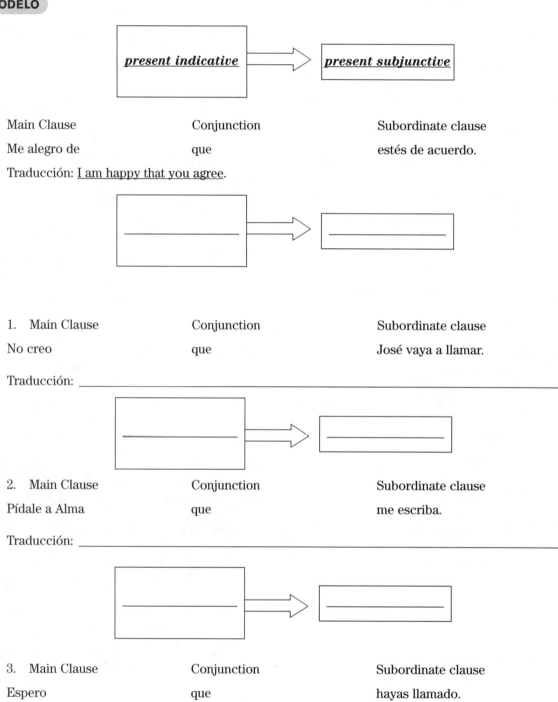

present indicative ⟹ present subjunctive

Main Clause	Conjunction	Subordinate clause
Me alegro de	que	estés de acuerdo.

Traducción: <u>I am happy that you agree.</u>

1.
Main Clause	Conjunction	Subordinate clause
No creo	que	José vaya a llamar.

Traducción: _____

2.
Main Clause	Conjunction	Subordinate clause
Pídale a Alma	que	me escriba.

Traducción: _____

3.
Main Clause	Conjunction	Subordinate clause
Espero	que	hayas llamado.

Traducción: _____

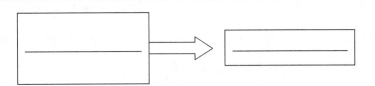

4. Main Clause   Conjunction   Subordinate clause

    Se lo daré a Luis   cuando   lo vea.

Traducción: _____

5. Main Clause   Conjunction   Subordinate clause

    Es bueno   que   hayas llegado a tiempo.

Traducción: _____

K Los volcanes. *Lea Ud. los datos sobre las erupciones volcánicas más grandes del siglo (century) veinte. Luego, en la página 152 llene el espacio con la forma correcta del verbo entre paréntesis en el subjuntivo.*

Un siglo de furia volcánica

Año	Nombre	País	Muertos
1902	Monte Pelado	Martinica	30.000
1902	La Soufrière	Guadalupe	2.000
1902	Torishima	Japón	125
1911	Taal	Filipinas	1.500
1919	Kelud	Indonesia	5.000
1926	Izalco	El Salvador	58
1949	Puracé	Colombia	1.000
1950	Villarica	Chile	36
1951	Hibok-Hibok	Filipinas	500
1951	Lamingston	Nueva Guinea	3.000
1953	Ruapehu	Nueva Zelanda	150
1963	Agung	Indonesia	1.500
1965	Villarica	Chile	25
1965	Taal	Filipinas	2.000
1968	Arenal	Costa Rica	70
1971	Villarrica	Chile	15
1977	Nyragongo	Zaire	50
1980	St. Helen's	EE UU	60
1982	El Chichón	México	200
1985	Nev. del Ruiz	Colombia	25.000
1991	Pinatubo	Filipinas	207
1991	Unzen	Japón	48

1. Me sorprende que el país que tiene el mayor número de erupciones volcánicas (ser)

   _____ las Filipinas.

2. ¡Qué lástima que (haber) _____ muerto 30.000 personas en la erupción de Monte

   Pelado en 1902!

3. Es increíble que las Filipinas (tener) _____ cuatro volcanes activos.

4. Me preocupa que (haber) _____ un volcán en los Estados Unidos.

5. Parece imposible que (haber) _____ habido tres erupciones tan grandes en 1902.

6. En el siglo próximo, haremos esfuerzos *(efforts)* para que no (morir) _____ tantas

   personas en las erupciones volcánicas.

7. Ojalá que no (haber) _____ más desastres volcánicos.

8. Será mejor que nadie (tener) _____ que vivir al lado de volcanes grandes.

L **Traducciones.** *Vamos al circo.*

1. Last night dad insisted that we go to the circus.

   _____

2. Rosalba, my younger sister, wanted to go in order to see the lions, tigers, elephants, and clowns.

   _____

   _____

3. My mom said that I couldn't go unless I finished my homework.

   _____

4. My brother wanted to go provided that we returned by 10:00.

   _____

5. My father said, "Let's go, before it's too late."

   _____

Composición

Mi mascota *(pet)* favorita. *Cuando Ud. era niño(a), ¿tenía algún animal doméstico? Descríbalo, y cuente una anécdota relacionada con él o ella. Si Ud. no tenía un animal, describa uno de su imaginación.*

_____

_____

_____

_____

_____

_____

_____

_____

_____

_____

_____

_____

_____

_____

_____

_____

_____

_____

_____

_____

_____

_____

_____

Lección

16 Con todo mi corazón

Vocabulario

A **Palabras relacionadas.** *Subraye Ud. la palabra que no está relacionada con las demás.*

1. luchar	disputar	amistad	divorciarse
2. la boda	el caballero	la luna de miel	los recién casados
3. el matrimonio	el noviazgo	la iglesia	el compromiso
4. llevarse bien	reñir	pelear	disputar
5. abrazar	amar	besar	odiar
6. hacer las paces	resolver	hacer esfuerzos	divorciarse
7. la recepción	la orquesta	la realidad	la boda
8. cortés	celoso	infantil	loco

B **Definiciones.** *Busque Ud. la palabra que mejor corresponda a las definiciones siguientes.*

infantil	odiar	luna de miel	beso	celos
cielo	orquesta	boda	recién casados	amistad

1. la relación entre dos buenos amigos _____

2. dos personas que acaban de casarse _____

3. una expresión de cariño que se hace con los labios _____

4. un grupo de músicos que tocan instrumentos _____

5. característica de alguien que se porta como un niño _____

6. el antónimo de «amar» _____

7. el viaje romántico que hace la pareja después de casarse _____

8. la ceremonia en que dos personas se casan _____

9. nombre cariñoso _____

10. sentimiento de envidia _____

C **Antónimos.** *Escriba Ud. el antónimo de las siguientes palabras.*

1. hacer las paces _____

2. la ilusión _____

3. maduro _____

4. casarse _____

5. odiar _____

6. salir bien _____

Forma y función

D **El tiempo condicional.** *Complete Ud. la siguiente tabla con la forma correcta de los verbos siguientes en el condicional.*

	yo	tú	él, ella, Ud.	nosotros(as)	vosotros(as)	ellos, ellas, Uds.
besar						
reñir						
decir						
haber						
hacer						
poder						
poner						
querer						
saber						
salir						
tener						
venir						

E **¿Qué le dijo Ramón?** *Ramón y Linda son recién casados. Antes de casarse, Ramón le hizo algunas promesas. Forme Ud. el condicional de los verbos entre paréntesis para saber qué dijo.* **Ramón le dijo que...**

1. (volver) _____ a casa a las 6:00 en punto todas las noches.

2. (traerle) _____ flores a menudo.

3. (comprar) _____ bombones para ella.

4. no (mirar) _____ a otras mujeres.

5. (recibir) _____ un ascenso *(promotion)* en el trabajo.

6. no (ir) _____ a los partidos de fútbol con los amigos.

7. (hacer) _____ la cama los fines de semana.

8. (poner) _____ la mesa tres o cuatro veces por semana.

9. (tener) _____ mucho tiempo libre para estar con ella.

10. (salir) _____ a bailar con ella frecuentemente.

F **Lo ideal.** *Forme Ud. el condicional de los verbos entre paréntesis para saber qué creía Linda antes de casarse con Ramón.*

1. Yo siempre creía que mi novio (parecerse) _____ a Matt Damon.

2. Estaba segura de que él me (amar) _____ con todo su corazón y que me lo (decir)

_____ a menudo.

3. Pensaba que nosotros (casarse) _____ en seguida y (vivir)_____ en

una casa bonita cerca de la playa.

4. Sabía que nuestra primera casa (ser) _____ pequeña, pero creía que más tarde

nosotros (poder) _____ comprar una más grande.

5. Pensaba que nosotros (tener) _____ tres hijos, y ellos nos (hacer)

_____ muy felices.

6. Creía que mis padres (venir) _____ a visitarnos cada semana y (saber)

_____ que yo estaba muy contenta.

G **Cláusulas condicionales (con _si_).** _Complete Ud. los diagramas siguientes para repasar las cláusulas condicionales. Luego, traduzca las frases al inglés. Siga el modelo._

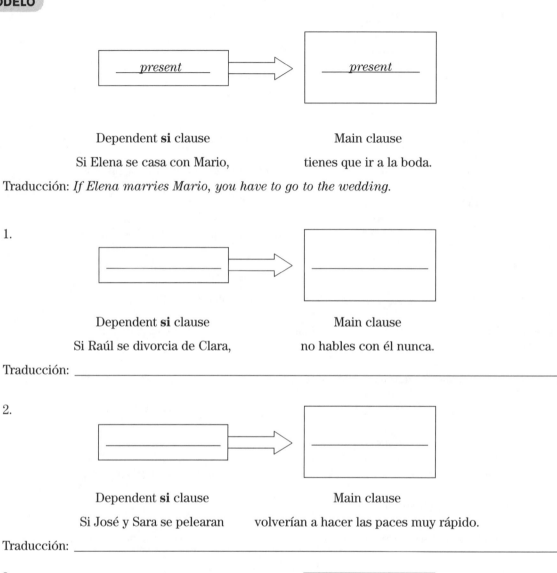

Dependent **si** clause

Si Elena se casa con Mario,

Main clause

tienes que ir a la boda.

Traducción: _If Elena marries Mario, you have to go to the wedding._

1.

Dependent **si** clause

Si Raúl se divorcia de Clara,

Main clause

no hables con él nunca.

Traducción: _____

2.

Dependent **si** clause

Si José y Sara se pelearan

Main clause

volverían a hacer las paces muy rápido.

Traducción: _____

3.

Dependent **si** clause

Si vas a contratar una orquesta

para la recepción,

Main clause

tienes que hacerlo pronto.

Traducción: _____

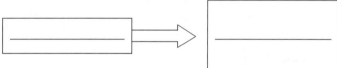

© 2004 Heinle

4.

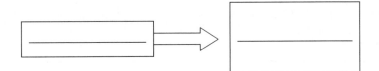

Dependent **si** clause   Main clause

Si Lucrecia respeta a Fabio,   resolverá sus problemas con él.

Traducción: _____

5.

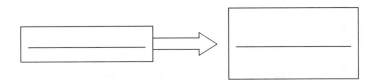

Main clause   Dependent **como si** clause

La madre de la novia habla   como si la boda fuera mañana.

Traducción: _____

H **Hacer las paces.** *Ramón quiere llevarse bien con Linda. Llene Ud. el espacio con la forma correcta del verbo entre paréntesis para practicar las cláusulas condicionales.*

1. Yo te traeré flores a menudo si tú me (tratar) _____ bien.

2. Yo te compraré bombones si tú no (gastar) _____ todo mi dinero.

3. Yo recibiría un ascenso *(promotion)* en mi trabajo si tú me (dejar) _____

   trabajar más horas.

4. Yo saldría con tus padres si tú (salir) _____ con mis hermanos.

5. Yo te acompañaré al ballet si tú (ir) _____ al cine conmigo.

6. Yo tendré mucho tiempo libre para pasar contigo si tú no me (dar) _____ tantas

   tareas domésticas que hacer.

7. Yo saldría a bailar contigo si yo no (estar) _____ tan cansado.

8. Nosotros podríamos comer en un restaurante elegante de vez en cuando si tú (ganar) _____

   más dinero.

I **Más fórmulas.** *Complete Ud. las siguientes fórmulas para repasar la correlación de tiempos con el subjuntivo. Siga el modelo en la primera línea.*

Main clause	Subordinate clause
1. **present**	*present subjunctive or present perfect subjunctive*
2. **command**	
3. **future**	
4. **preterite**	
5. **imperfect**	
6. **conditional**	

Ahora, para cada una de las siguientes frases, escriba el número de la fórmula que mejor corresponda.

_____ 1. Me alegro de que Juliana se case.

_____ 2. Negaba que los esposos pelearan.

_____ 3. Su madre le diría que se divorciara.

_____ 4. Dígale a Faustino que contrate la orquesta.

_____ 5. Es increíble que se hayan hecho novios.

_____ 6. Les aconsejé que compraran el anillo de casado en la joyería Ramírez.

_____ 7. Espero que ellos hagan las paces.

_____ 8. Será mejor que Julio no se enamore de Julia.

J **Querida Teen Girl...** *Los problemas de los jóvenes enamorados son siempre muy dramáticos.*
Lea Ud. las dos cartas siguientes que piden consejos y termine las frases que siguen.

QUERIDA TEEN GIRL....

¿ÉL O LAS AMIGAS?

Querida Teen Girl, soy una chica de 16 años y mi nombre es Carola. Soy de carácter alegre, pero a veces me siento melancólica. Hago parte de un grupo de ocho chicas todas simpáticas, y ahora, con nosotras ha entrado a formar parte también un chico de lo más guapo, pero por el momento somos sólo amigos. El problema consiste en el hecho de que él queda simpático también a algunas amigas mías, pero ellas hasta evitan saludarlo. Por favor, aconséjame cómo poder conquistarle y sobretodo, dime cómo debo portarme con mis amigas. Hasta pronto.   CAROLA

el hecho de que = *the fact that*

hasta = *even*

• • • • • • •

MEJOR QUE TOM

Querida Teen Girl, soy una catorceañera de nombre Clara y tengo un problema. Estoy saliendo con un chico de nombre C. y nos llevamos bien; pero algunas veces, cuando veo la foto de Tom Cruise le digo que si fuera él, me lo tendría bien apretado a que no se fuera. Hablo así, a veces, para ver cómo reacciona, pero él no se molesta en lo más mínimo.
¿Es que acaso ya no le intereso?
CLARA 75

catorceañera = *14-year-old girl*

me lo... apretado = *I would hold onto him tightly.*
lo más mínimo = *in the least*
acaso = *perhaps*

1. Carola escribió a Teen Girl porque quería que la consejera (decirle…) _____

_____

2. Para Carola, sería mejor que sus amigas (llevarse bien con…) _____

_____

3. A Carola, le gustaría que ella y el chico (salir) _____

_____

4. Clara escribió a Teen Girl porque quería que la consejera (decirle…) _____

_____

5. Clara preferiría que su novio (ser…) _____

_____

6. Si su novio fuera Tom Cruise, Clara… (abrazarlo)

_____

K **Traducciones.** *Ana habla con su madre sobre su boda.*

1. If I can invite 50 of my friends, you can invite 50 of my relatives.

_____

2. If you hire an orchestra, please hire a band also.

_____

3. If I wanted an outdoor ceremony, would you want a reception in the restaurant?

_____

4. If I were to wear blue jeans, what would you wear?

_____

5. You talk as if the wedding were tomorrow.

_____

Composición

L **Consejos de una persona mayor.** *Escoja Ud. una de las dos cartas a Teen Girl del ejercicio J y déle consejos a una de las chicas sobre su problema romántico.*

_____

_____

_____

_____

_____

_____

_____

_____

_____

_____

_____

_____

_____

_____

_____

_____

_____

_____

_____

_____

_____

_____

_____

Lección 17

Problemas sentimentales

Vocabulario

A **Palabras nuevas.** *Busque Ud. en la segunda columna el sinónimo o la definición de la palabra en la primera columna.*

_____ 1. la lucha	A. atacar o provocar
_____ 2. enfadarse	B. tener un bebé
_____ 3. ser coquetón	C. ganar o vencer
_____ 4. los demás	D. la tarea
_____ 5. la faena	E. el centro para niños
_____ 6. triunfar	F. siempre hacer lo que las otras personas le dicen
_____ 7. ser agresivo	G. la pelea o la disputa
_____ 8. la guardería infantil	H. querer la atención de otras personas
_____ 9. dar a luz	I. enojarse
_____ 10. ser obediente	J. las otras personas

B **Antónimos, una vez más.** *Escriba Ud. el antónimo de las palabras siguientes.*

1. conservador_____

2. rígido _____

3. feminista _____

4. incapaz_____

5. perder _____

6. útil _____

7. agresivo_____

C ¿**Cómo son los famosos?** *Escoja Ud. por lo menos dos adjetivos para describir a cada persona indicada. Forme una frase completa.*

agresivo	conservador	coquetón	flexible	liberado	liberal
pasivo	rígido	sensible	sociable		

1. Madonna: _____

2. Jay Leno: _____

3. Rene Zellweger: _____

4. Enrique Iglesias: _____

5. George Bush: _____

6. Sharon Osbourne: _____

Forma y función

D **La violencia doméstica.** *Desafortunadamente existe la violencia doméstica en nuestro país. Llene Ud. el espacio con la forma correcta del verbo en el presente del subjuntivo para aprender sobre un tema muy trágico.*

1. Es terrible que (existir) _____ la violencia doméstica.

2. Es necesario que la sociedad les (ofrecer) _____ ayuda a las mujeres para que

   ellas (saber) _____ qué se puede hacer en esta situación.

3. Debemos apoyar leyes en contra de la violencia doméstica para que (ser) _____

   legisladas.

4. Es inaceptable que los hombres (seguir) _____ abusando de las mujeres y que

   las mujeres (tener) _____ miedo de dejar a sus esposos abusivos.

5. Es necesario que las mujeres (salir) _____ de la casa a la primera indicación de

   violencia.

6. Necesitamos una ley que (proteger) _____ a todas las mujeres.

7. No hay ningún hombre que (tener) _____ el derecho de maltratar *(mistreat)* a

una mujer.

8. Es triste que el abuso físico y sicológico de la mujer (continuar) _____.

9. Un hombre puede hacerle daño sicológico a una mujer sin que los demás lo (ver) _____.

10. Las mujeres buscan una sociedad en la que no (haber) _____ violencia doméstica.

11. Es necesario que las personas que cometen estos actos de violencia (buscar) _____ ayuda.

E **Otra vez, en el pasado.** *Vuelva Ud. a escribir las frases del ejercicio D, cambiándolas del presente al pasado, según el modelo.*

MODELO Es terrible que exista la violencia doméstica.
Era terrible que existiera la violencia doméstica.

2. _____

3. _____

4. _____

5. _____

6. _____

7. _____

8. _____

9. _____

10. _____

11. _____

F **En la conferencia.** *Ud. va con una amiga a una conferencia sobre el matrimonio en el nuevo milenio. La amiga le hace varios comentarios sobre las personas que están allí, pero Ud. no puede oír. Basándose en los comentarios de su amiga, haga preguntas según el modelo.*

MODELO **AMIGA:** *Esa mujer rubia* trabaja como reportera para Univisión.
UD.: *¿Quién es la rubia?*

1. **Ese hombre alto** es el autor liberal que escribió un libro famoso sobre la discriminación.

_____

2. Mira a **esa mujer coqueta** que habla con el doctor Villarrobles.

_____

3. ¿Ves a **los dos hombres gordos** que se enfadaron con la sicóloga? Trabajan para el gobierno.

_____

4. **Esas mujeres bajas** al lado del presentador son representantes del comité educativo.

_____

5. ¿Y **el hombre agresivo** que domina la conversación? Es un militar.

_____

6. ¿Estás segura de que no sabes quién es **la mujer morena?** Creía que Uds. asistieron al mismo

colegio.

_____

7. Me gusta el énfasis con que hablan **esas dos mujeres rubias** de la universidad.

_____

8. **Esos hombres viejos** se enojan con lo que dice la señora de la Organización Nacional para Mujeres.

_____

(G) **Para mí, lo mejor es...** *Termine Ud. las siguientes frases de una forma original.*

1. Lo mejor sería... _____

2. Lo trágico es... _____

3. Lo malo es... _____

4. Lo bueno es... _____

5. Lo peor sería... _____

6. Lo interesante es... _____

7. Lo importante es... _____

8. Lo más difícil es... _____

H **Una riña.** *Lea Ud. la siguiente conversación entre Adrián y Magdalena. Luego, vuelva a escribir cada expresión en negritas (boldface), primero usando la forma enfática del adjetivo posesivo, y luego usando el pronombre posesivo. Siga el modelo del número 1.*

ADRIÁN: Oye, Magda, ¿sabes dónde están **mis calcetines** (1) rojos? No los encuentro.

MAGDALENA: No, Adrián, lo siento, pero no sé.

ADRIÁN: ¡Pero es **tu deber** (2) como mujer saber exactamente dónde está cada cosa en la casa! ¿Cómo es que no sabes?

MAGDALENA: Mira, Adrián, no son **mis calcetines** (3), y además ¡no es **mi problema** (4), es **tu problema!** (5)

ADRIÁN: Magda, querida, hablaba en broma *(in jest)*... ¡No me contestes igual que **tu mamá** (6)!

MAGDALENA: ¿Y es que a ti no te gusta **mi madre** (7)? A lo mejor aquí se encuentra la base de **nuestros problemas** (8). Pregúntaselo a **tus hermanas** (9). Ellas me han contado **sus teorías** (10) sobre **nuestro matrimonio** (11) y por qué, según ellas, va a terminar en divorcio.

ADRIÁN: ¡Ya te he dicho que no les hagas caso a **mis hermanas** (12) y **sus ideas** (13) estúpidas! Ellas son unas locas, y **sus esposos** (14) lo saben muy bien. **En mi opinión,** (15) todas mis hermanas necesitan ayuda.

MAGDALENA: ¿Verdad que sí? Bueno, eso explica por qué Angélica siempre quiere que yo hable con **su siquiatra** (16). Dice que quiere que yo le cuente a él lo horrible que la trata **su marido...** (17). Pero, yo nunca lo he visto... por lo menos nunca en **nuestra casa** (18).

ADRIÁN: Pues mira, ¡aquí están los famosos calcetines rojos! ¡Qué lástima que estos inocentes calcetines hayan provocado **nuestra riña** (19)!

MAGDALENA: Menos mal que los encontraste. ¡Ahora podemos dedicarnos a examinar por qué tú piensas que **nuestra conversación** (20) inocente era una riña!

1. _____*los calcetines*_____ _____*los míos*_____   11. _____ _____

2. _____ _____   12. _____ _____

3. _____ _____   13. _____ _____

4. _____ _____   14. _____ _____

5. _____ _____   15. _____ _____

6. _____ _____   16. _____ _____

7. _____ _____   17. _____ _____

8. _____ _____   18. _____ _____

9. _____ _____   19. _____ _____

10. _____ _____   20. _____ _____

I **Traducciones.** *Rafaela habla de su matrimonio.*

1. The good part about my marriage is the fact that my husband does half of the housework.

   _____

   _____

2. He knows that my work is as important as his.

   _____

3. Manolo is sensitive, liberal, and very flexible.

   _____

4. If we have a fight, he always insists that we make up before going to bed.

   _____

5. The only thing that bothers me is that he's not very sociable.

   _____

Composición

J **Más sobre la violencia doméstica.** *Escriba Ud. un tema breve en que reaccione Ud. a los comentarios del ejercicio D sobre la violencia doméstica. Incluya sus ideas sobre las posibles causas y soluciones.*

_____

_____

_____

_____

_____

_____

_____

_____

18 Celebraciones

Vocabulario

A **Juego de palabras.** *Escriba palabras que se asocien con la palabra central de cada dibujo.*

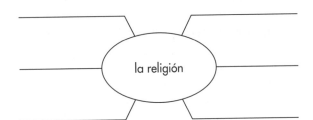

la religión

el velorio

días festivos

B **Definiciones.** *Busque Ud. la palabra que mejor corresponda a las definiciones siguientes.*

deprimido   pastor   juntar   festejar
felicidad   rabino   suceder   velorio

1. Sinónimo de «pasar». _____

2. Líder religioso de la gente judía. _____

3. Líder religioso de la gente protestante. _____

4. Sentimiento de mucha alegría. _____

5. Hacer una fiesta o celebrar. _____

6. Sinónimo de «muy triste». _____

7. Reunir a un grupo de personas o cosas. _____

8. Reunión de parientes y amigos cuando una persona muere. _____

C **Los días festivos.** *Escriba Ud. el nombre del día festivo que se asocia con cada grupo de palabras.*

1. disfrazarse, bailar, desfiles, la Pascua
   _____

2. un brindis, despedirse del año viejo
   _____

3. solemne, cementerio, rezar por las almas de amigos y parientes
   _____

4. alegre, regalos, desfiles, camellos, después de la Navidad
   _____

5. católico, santos, desfiles religiosos, siete días
   _____

6. la Misa del gallo, villancicos, reunirse con la familia, la Nochebuena
   _____

Forma y función

D **Para hablar en el pasado...** *Las siguientes frases describen los varios usos del pretérito y del imperfecto. Léalas y escriba una P si se refiere al pretérito y una I si se refiere al imperfecto.*

_____ 1. para poner énfasis en el comienzo o la terminación de una acción en el pasado

_____ 2. para describir deseos y condiciones físicas, emocionales y mentales en el pasado

_____ 3. para hablar de la hora y la edad en el pasado

_____ 4. para describir o narrar una acción concluida o una serie de acciones concluidas

_____ 5. para hablar de una acción que ocurrió un número específico de veces en el pasado

_____ 6. para describir a personas o cosas en el pasado

_____ 7. para describir la escena de un evento que ocurrió en el pasado

_____ 8. para hablar de acciones repetidas o habituales en el pasado

_____ 9. para indicar un cambio en un estado físico, emocional o mental durante un momento específico del pasado

_____ 10. para describir una acción del pasado que todavía ocurría en el momento al que se refiere

_____ 11. para hablar de una acción del pasado cuyo comienzo o fin no está indicado

E **Ejemplos.** *Refiérase al ejercicio D y busque el número del uso que mejor corresponda a cada frase. Siga el modelo.*

MODELO José se levantó, se bañó, se afeitó y salió para la oficina.
#4. para describir o narrar una acción concluida o una serie de acciones concluidas

1. Cuando Marta era pequeña, iba a la playa todos los veranos con su familia.

_____

2. Al ver el anillo de compromiso, Magda se puso muy feliz.

_____

3. El abuelo de la novia era un hombre alto y delgado, y era muy simpático.

_____

4. Era una noche tranquila. La luna brillaba en lo más alto del cielo y no se podía oír el ruido de la ciudad abajo.

_____

5. Marta bailaba mientras la orquesta tocaba su canción favorita.

_____

6. El niño se sentía mal, estaba muy enojado y quería volver a su casa.

_____

7. Era muy tarde. Eran casi las once de la noche.

_____

8. A la una en punto el concierto empezó.

_____

9. Paco entró en el salón, saludó a los invitados y en seguida se sentó al lado de Rebeca.

_____

10. Cuando Celia gritó, todos la miraron sorprendidos.

_____

11. Volvimos a ese restaurante tres veces la semana pasada porque la comida es maravillosa.

_____

F **Visitas de familia.** *Escriba frases que expresen qué hacían las siguientes personas en el momento en que sus familias vinieron a visitarlas. Siga el modelo.*

MODELO   Beatriz: hablar con el cura/sus hermanos—llegar
Beatriz hablaba con el cura cuando sus hermanos llegaron.

1. Laurencio: ir a misa/sus tías—verlo

_____

2. Marisa: celebrar el día de su santo/su prima—tocar a la puerta

_____

3. Norma y Marcos: brindar en el bautizo de su nieto/sus sobrinos—entrar en la fiesta

_____

4. Ricardo: reunirse con amigos del trabajo/su hijo—llegar a la oficina

_____

5. Héctor: mirar el desfile en la tele/sus tíos—llegar en taxi del aeropuerto

_____

G **La niñez de Patricia.** *Mire Ud. los dibujos de la página 173 y la tarjeta de información. Luego forme preguntas en el pasado que incluyan la información necesaria, y contéstelas. Use el pretérito o el imperfecto según el contexto. Siga el modelo.*

MODELO   qué deporte/jugar Patricia
¿Qué deporte jugaba Patricia?
Patricia jugaba al tenis.

© 2004 Heinle

1. qué intereses/tener Patricia

_____

_____

2. cómo/ser Patricia

_____

3. cómo/celebrar en general Patricia el día de su santo

_____

_____

4. quiénes/asistir a sus fiestas generalmente

_____

5. cuántos años/tener Patricia en el año 2000

_____

6. dónde/nacer Patricia

_____

7. qué/hacer Patricia en el día de su santo en 1991

_____

_____

8. dónde/celebrar Patricia el día de su santo en 1991

_____

H **Acciones recíprocas.** *Complete Ud. la siguiente tabla con los pronombres recíprocos correctos.*

nosotros(as)	
vosotros(as)	
ellos	
ellas	
Uds.	

¿Por qué no hay pronombres recíprocos para las formas **yo, tú, él, ella, Ud.?**

_____

_____

I **¿Qué hacen?** *Escoja Ud. verbos de la lista siguiente y escriba frases que expresen qué hacen las personas en las situaciones indicadas. Hay muchas posibilidades. Siga el modelo.*

MODELO Laura está en Francia de vacaciones y ella y su novio se extrañan.
Ellos se escriben todos los días.

abrazar	besar	ayudar	brindar	contar	felicitar	llamar
mostrar	pedir consejos	saludar	ver	escribir	reñir	

1. Dos mujeres muy amigas acaban de mudarse *(to move)* a la misma ciudad. Viven en la misma calle.

   _____

2. Dos hermanas pequeñas se enojan mientras juegan juntas.

   _____

3. Una hija sale de la casa de sus padres para ir a vivir en una ciudad muy lejos. La hija y la madre se extrañan mucho.

   _____

4. El cura acaba de casar a los novios. ¿Qué hacen inmediatamente después de la ceremonia?

   _____

5. Dos mujeres que se conocen se ven en un almacén.

   _____

6. Dos hombres, viejos amigos, se encuentran en el hospital después del nacimiento de su primer nieto.

   _____

J **¿Y Ud.?** *Escriba Ud. frases que expresen cuándo Ud. y sus amigos y parientes hacen las siguientes acciones. Siga el modelo.*

MODELO abrazarse
Mi abuela y yo nos abrazamos cada vez que nos vemos.

1. abrazarse _____

2. llamarse por teléfono _____

3. ayudarse _____

4. darse regalos_____

5. felicitarse_____

6. escribirse_____

7. contarse chistes _____

8. besarse_____

K **Traducciones.** *Una pareja feliz.*

1. Vicente and Ema love each other very much.

   _____

2. They call each other from work to tell each other how much they miss each other.

   _____

   _____

3. Yesterday Vicente sent Ema flowers because he knew that she wasn't feeling well.

   _____

   _____

4. When she saw the flowers, she felt much better.

   _____

5. It's probable that they'll get married next year.

   _____

Composición

L **Los días festivos.** *Describa Ud. brevemente un día festivo memorable. Incluya qué hizo, con quién lo celebró y cuántos años tenía.*

Días festivos: el Año Nuevo, el Día de los Enamorados, la Navidad, el Jánuca, el Día de Acción de Gracias *(Thanksgiving)*, el Día de la Madre, el Día del Padre.

_____

_____

_____

_____

_____

_____

_____

_____

_____

_____

_____

_____

_____

_____

_____

_____

_____

_____

_____

_____

_____

_____

Manual de laboratorio

Lección preliminar

¡Bienvenidos!

Pronunciación

Vowels. Each vowel in Spanish consists of one sound. They are crisp, short sounds which show virtually no variation and no gliding as in English.

The vowel **a** is similar to, but shorter than, the **a** in the English word *father*. You will now hear a series of words that contain the **a** sound. Repeat the words after the speaker.

la	mal	sala	habla	mar

The vowel **e** is pronounced like the **a** in the English word *lake*, but without the glide sound that follows the **a** in English. Repeat the words after the speaker.

se	Pepe	jefe	arete	leche

The vowel **i** is pronounced much like the **ee** in the English word *feet*, however the quality is shorter and crisper. Repeat the words after the speaker.

lima	ti	rica	mi	bistec

The vowel **o** is pronounced like the **o** in the English word *so*, but without the glide sound that follows the **o** in English. Repeat the words after the speaker.

noche	color	peso	mono	todo

The vowel **u** is pronounced like the **oo** in the English word *fool*. Repeat the words after the speaker.

mucho	gusto	blusa	trucha	multa

You will now hear a series of five sentences, each focusing on one vowel. Repeat the sentences after the speaker, imitating the pronunciation as closely as you can. Each sentence will be spoken twice.

1. Calabaza, calabaza, cada niña para su casa.
2. Meche prefiere leche.
3. Mi hijo pide pizza con piña y ají.
4. Los osos son más bobos que los lobos.
5. Hubo muchas brujas cultas pero unas aún más brutas.

Diphthongs. You will hear eight pairs of words containing diphthongs. Repeat the words after the speaker the first time. The second time, write the number that corresponds to the diphthong you hear. All possible diphthong combinations are represented in the chart. You will hear the answers on the recording.

1	2	3	4	5	6	7	8	9	10	11	12	13
ai	au	ei	eu	ia	ie	iu	oi	io	ui	ua	uo	ue

1. _____

2. _____

3. _____

4. _____

5. _____

6. _____

7. _____

8. _____

Breath groups. The stretch of words that you pronounce in one breath is called a breath group. Breath groups are particularly important in Spanish because the pronunciation of some sounds depends on their position in the breath group, and because the words in a breath group are linked together to sound like one long word.

You will now hear a series of breath groups of varying length. Repeat after the speaker, paying special attention to the linking of the words into one group. Each example will be spoken twice.

1. el estudiante

2. El policía está aquí.

3. El libro está en el escritorio y el mapa en la pared.

4. Pedro, ¿eres actor o abogado?

Consonants. Some consonants are pronounced the same in both Spanish and English, and others are not. Within the same language, some consonants have more than one pronunciation.

You will now hear a series of word-pairs with the first word in English and the second in Spanish. The pairs will be read twice. Repeat the words following the speaker the first time, listening carefully to the indicated consonant. The second time, check **Same,** on the chart provided, if the consonant is pronounced the same, and **Different** if it is not. You will hear the answers on the recording.

		Same	Different
1.	*b*		
2.	*b*		
3.	*c*		
4.	*d*		
5.	*d*		
6.	*f*		
7.	*g*		
8.	*g*		
9.	*h*		
10.	*j*		
11.	*k*		
12.	*l*		
13.	*m*		
14.	*n*		
15.	*p*		
16.	*q*		
17.	*r*		
18.	*s*		
19.	*t*		
20.	*v*		
21.	*z*		

boy   beso

table   labios

call   casa

dill   dar

radar   lado

faith   feliz

game   gusto

get   gente

hotel   hotel

just   justo

kiss   kilómetro

bottle   lata

mother   madre

never   nadar

pit   pato

quiche   que

rich   rico

silly   sol

tip   taco

vase   vaca

zoom   zorro

Diálogos

A *Listen carefully to the dialogue. Listen again if necessary.*

Un encuentro entre amigos (A meeting among friends)

MARGARITA:	¡Inés! ¡Hola!
INÉS:	¡Hola, Margarita! ¿Qué tal?
MARGARITA:	Estoy bien, gracias. ¿Y tú?
INÉS:	Pues, bastante bien.
MARGARITA:	¡Qué bueno! Mira, te presento a un amigo…
CARLOS:	Mucho gusto… Carlos.
INÉS:	Encantada. Yo me llamo Inés.

Y más tarde…

MARGARITA:	¡Chau! Saludos a tu familia.
CARLOS:	Chau, Inés.
INÉS:	Chau, Carlos. Mucho gusto.

B **Comprensión.** *You will hear a series of statements about the dialogue. Indicate whether they are* **Cierto** *(True),* **Falso** *(False), or* **No se sabe** *(Unknown). If the statement is false, correct it on the line provided. Each statement will be read twice.*

MODELO	You hear:	El amigo de Margarita se llama Miguel.
	You check:	*Falso.*
	You write:	*Se llama Carlos.*

	Cierto	Falso	No se sabe	
1.	_____	_____	_____	_____
2.	_____	_____	_____	_____
3.	_____	_____	_____	_____
4.	_____	_____	_____	_____

C *Listen to the second dialogue. As you listen, fill in the missing words. Listen again so that you can fill in the words you didn't catch the first time and check your work.*

El nuevo empleado *(The new employee)*

SR. ORDÓÑEZ: 1. _____, señorita Pérez.

SRTA. PÉREZ: Buenos días, 2. _____ Ordóñez.

SR. ORDÓÑEZ: Señor Sierra, 3. _____ presentarle a la señorita Elba

Pérez, nuestra *(our)* directora del departamento de ventas *(sales).*

SR. SIERRA: 4. _____, señorita Pérez.

SRTA. PÉREZ: 5. _____.

Y más tarde…

SR. ORDÓÑEZ: Bueno, creo que *(I think that)* 6. _____ todo por ahora

(is all for now), ¿no?

SR. SIERRA: Sí, todo *(everything)* 7. _____ muy claro.

SR. ORDÓÑEZ: Bueno, entonces, 8. _____.

SRTA. PÉREZ: Hasta luego, señor Ordóñez.

SR. SIERRA: Adiós, y 9. _____ por todo.

SRTA. PÉREZ: 10. _____.

D **Comprensión.** *You will hear a series of statements about the dialogue. Indicate whether they are* **Cierto, Falso,** *or* **No se sabe.** *If the statement is false, correct it on the line provided. Each statement will be read twice.*

MODELO You hear: Elba Pérez es directora del departamento de computadoras.
You check: *Falso.*
You write: *Es directora del departamento de ventas.*

	Cierto	**Falso**	**No se sabe**	
1.	_____	_____	_____	_____
2.	_____	_____	_____	_____
3.	_____	_____	_____	_____
4.	_____	_____	_____	_____

Vocabulario

E **Greetings, introductions, and expressions.** *You will hear a series of minidialogues. After listening to each dialogue twice, check* **lógico** *(Logical) if the second item is a logical response to the first item, or* **ilógico** *(Illogical) if it is not.*

MODELO You hear: ¿Cómo te llamas?
You hear: María Luisa.
You check: *lógico*

	lógico	ilógico
1.		
2.		
3.		
4.		
5.		
6.		
7.		
8.		

Forma y función

F ***You* in Spanish.** *You will hear a series of exchanges twice. Listen carefully for the clues which indicate a formal or an informal relationship. Check the appropriate box in the chart provided.*

MODELO You hear: ¿Cómo está Ud., señora Padilla?
You hear: Estoy bien, gracias.
You check: *Formal.*

	Formal	Informal
1.		
2.		
3.		
4.		

G **Subject pronouns.** *The sentences that you will hear do not contain the subject pronoun. Indicate the understood subject of each sentence by writing in the blanks the letter corresponding to the pronoun(s) listed below. Each sentence will be read twice.*

A. yo   B. tú   C. él, ella, Ud.

D. nosotros   E. ellas, ellos, Uds.

MODELO   You hear: ¿Eres de Panamá?
                    You write: *B (tú)*

1. _____   6. _____

2. _____   7. _____

3. _____   8. _____

4. _____   9. _____

5. _____   10. _____

H **The verb *ser*.** *The sentences that you will hear contain the verb **ser**. Indicate how each verb is used by checking the appropriate box below. Each sentence will be read twice.*

MODELO   You hear: Los profesores son inteligentes.
                  You check: *Description*

	Nationality	**Profession**	**Description**	**Definition**	**Origin**	**Possession**
1.						
2.						
3.						
4.						
5.						
6.						

I **More practice with *ser*.** *You will hear a brief narration followed by a series of incomplete statements about the narration. When you hear the beep, indicate the correct conclusion of each statement. Everything will be read twice.*

Vocabulario útil

respuesta = *answer*

1. _____   A. literatura   B. historia

2. _____   A. doctora   B. profesora

3. _____   A. Europa   B. Centroamérica

4. _____   A. diez   B. tres

5. _____   A. cuatro   B. tres

J **Interrogative words.** *You will hear a series of questions. Match the questions with the drawings and write the letter that corresponds to the appropriate drawing in the space provided. Each question will be read twice.*

A.

B.

C.

D.

E.

F.

1. _____   4. _____

2. _____   5. _____

3. _____   6. _____

K **The verbs *ser* and *estar*.** *Answer the questions using the cues provided. You will be practicing both **ser** and **estar**. Follow the model. Repeat the correct response after the speaker.*

MODELO   You hear: ¿De dónde es José?
             You see: José/México/mexicano/Cancún
             You say: *José es de México. Es mexicano. Está en Cancún.*

1. Silvia/Chile/chilena/Santiago

2. Luis y Pepe/España/españoles/Granada

3. Pablo/Cuba/cubano/La Habana

4. Nosotros/Bolivia/bolivianos/La Paz

5. El profesor/Honduras/hondureño/Copán

6. Nosotras/España/españolas/Madrid

L **More practice with *ser, estar,* and interrogative words.** *You will hear a series of statements. Say the question that produced each statement. Repeat the correct response after the speaker.*

> **MODELO** You hear: Estamos muy mal.
> You say: *¿Cómo están Uds.?*

M **Numbers.** *You will hear a series of numbers between zero and twenty. Identify the picture that contains a reference to the number you hear. Write the letter that corresponds to the appropriate picture in the blanks provided. Each number will be spoken twice.*

A.

B.

C.

D.

E.

F.

1. _____   2. _____   3. _____

4. _____   5. _____   6. _____

N **Hay.** *Answer the questions using the cues provided. You will be practicing the expression* **hay** *and classroom vocabulary. Repeat the correct response after the speaker.*

> **MODELO** You hear: ¿Hay tiza en el aula?
> You see: 4 borradores
> You say: *No, no hay tiza pero* (but) *hay cuatro borradores.*

1. muchos lápices

2. 10 cuadernos

3. 6 mapas

4. 2 puertas

5. muchas sillas

6. 3 profesores

⊙ Nouns and articles. *Give the feminine equivalent of the nouns and articles that you hear. Repeat the correct response after the speaker.*

MODELO   You hear: el chico
             You say: *la chica*

Ⓟ Plurals. *Give the plural of the nouns and articles that you hear. Repeat the correct response after the speaker.*

MODELO   You hear: el bolígrafo
             You say: *los bolígrafos*

1 En la universidad

Pronunciación

In Spanish **b** and **v** are pronounced exactly the same. They each have two possible pronunciations, depending on the position in a breath group.

The **b** or **v** is pronounced like the **b** (hard **b**) in the English word *bake:*
- when the **b** or **v** appears at the beginning of a breath group, as in the following examples.

  baño   **vaso**   **beso**   **volar**   **bate**

- when the **b** or **v** follows **m** or **n,** as in the following examples.

  cambio   **envuelto**   **un bote**   **un visor**   **ombligo**

When the **b** or **v** appears anywhere else, it is pronounced by bringing the lips close together and letting air pass through them creating a little friction (soft **b**). There is no equivalent in English. Listen to the following examples.

  libro   **hablar**   **el vasco**   **esbelto**   **revelar**

Practiquemos

You will now hear a series of words or phrases in Spanish that contain both pronunciations of the letters **b** and **v.** After you hear each word, indicate whether it contains either the hard **b** or the soft **b** sound, by checking the appropriate column on the chart. Each word will be spoken twice. You will hear the answers on the recording.

	Hard b	Soft b	
1.			bola
2.			lavar
3.			limbo
4.			oboe
5.			arbusto
6.			en vista
7.			alba
8.			Javier
9.			vida
10.			bulto

You will now hear a series of words that contain the hard **b** sound. Repeat the words after the speaker.

burro	**vaca**	**Colombia**	**vamos**	**buscar**
vosotros	**también**	**bolígrafo**	**vuelo**	**bueno**

You will now hear a series of words that contain the soft **b** sound. Repeat the words after the speaker.

Pablo	**cubano**	**jueves**	**la ventana**	**árboles**
televisión	**acabar**	**Alberto**	**el valor**	**labios**

You will now hear a series of phrases with words containing both the hard and the soft **b** sounds. Repeat each phrase after the speaker, imitating the pronunciation and intonation as closely as you can. Each phrase will be spoken twice.

1. Vino a buscarme a las nueve.

2. No estaba ni bañada ni vestida todavía.

3. Vamos a ver al nuevo bebé de Víctor y Beatriz.

4. Volveremos a Bolivia en noviembre.

Diálogo

A *Listen carefully to the dialogue. Listen again if necessary.*

Saludos y presentaciones

ANTONIO: Con permiso, señorita, mire *(look)*, ¿es ésta *(this)* la clase de… ? Pero, Catalina… Hola… ¿tú por aquí? ¿En una clase de medicina? No comprendo.

CATALINA: Es fácil, Antonio. Necesito la clase para mi carrera de medicina.

ANTONIO: ¿Tú estudias medicina? ¡Qué coincidencia! ¡Yo también! Pues, mira, Catalina…

CATALINA: Un momento, por favor, Antonio… Te presento a mi amiga Alicia Fonseca. Alicia, éste es Antonio Mendoza.

ANTONIO: Encantado, Alicia.

ALICIA: Igualmente, Antonio.

CATALINA: Hoy es el cumpleaños *(birthday)* de Alicia, ¿sabes? *(you know?)*

ANTONIO: Felicitaciones, Alicia.

ALICIA: Gracias.

ANTONIO: De nada

CATALINA: Ya es hora de clase. ¿Vamos?

ANTONIO: Sí, cómo no. *(Antonio tropieza con* (bumps into) *el profesor.)* Ay, perdón.

PROFESOR: No es nada.

ANTONIO: Alicia, después de clase, ¿por qué no vamos a la cafetería para tomar café?

ALICIA: Gracias, pero acabo de tomar café, y necesito trabajar a las tres hoy.

ANTONIO: ¿Dónde trabajas? ¿Qué haces?

ALICIA: Trabajo en la biblioteca para la profesora Sopeña. Busco libros y preparo listas de artículos allí.

ANTONIO: ¿Y mañana?

ALICIA: Mañana, sí. A las diez en punto, en la cafetería.

© 2004 Heinle

B **Comprensión.** *You will hear a series of statements about the dialogue. Indicate whether they are* **Cierto, Falso,** *or* **No se sabe.** *If the statement is false, correct it on the line provided. Each statement will be read twice.*

MODELO   You hear: Antonio estudia arquitectura.
           You check: *Falso.*
           You write: *Antonio estudia medicina.*

	Cierto	**Falso**	**No se sabe**	
1.	_____	_____	_____	_____
2.	_____	_____	_____	_____
3.	_____	_____	_____	_____
4.	_____	_____	_____	_____
5.	_____	_____	_____	_____
6.	_____	_____	_____	_____
7.	_____	_____	_____	_____
8.	_____	_____	_____	_____
9.	_____	_____	_____	_____
10.	_____	_____	_____	_____

Vocabulario

C **Lugares *(Places).*** *You will hear a series of places. In the space provided, write the letter of the drawing that matches the place that you hear. Each place will be named twice.*

A.

B.

C.

D.

E.

F.

1. _____

2. _____

3. _____

4. _____

5. _____

6. _____

D **Asociaciones de palabras (Word associations).** *You will hear a series of words. Underline the verb that logically corresponds to the word that you hear.*

> **MODELO** You hear: profesor
> You underline: *pagar/enseñar*

1. pagar/regresar

2. tomar/practicar

3. charlar/escuchar

4. usar/llegar

5. pasar/contestar

6. comprar/estudiar

7. trabajar/bailar

8. mirar/terminar

Forma y función

The present indicative of *-ar* verbs

E **Diana y el presente.** *Practice using the present tense. Listen to the statements that Diana has made today. From the context decide how Diana used the present tense. Check the appropriate box in the chart. You will hear each statement twice.*

> **MODELO** You hear: Hablamos con Fernando ahora.
> You check: *In progress at moment of speaking*

	Present/ habitual	Emphatic speech	In progress at moment of speaking	Action in immediate future
1.				
2.				
3.				
4.				

F **No, no...** *Use the printed cue and answer* **no** *to the questions that people ask you. In this exercise you will practice making negative statements and you will reinforce new vocabulary. Repeat the correct response after the speaker.*

> **MODELO** You hear: ¿Bailas bien?
> You see: mal
> You answer: *No, no bailo bien. Bailo mal.*

1. tarde

2. allí

3. con

4. poco

5. medianoche

6. más tarde

7. toda la noche

8. después de

Los números 21–100

G **¿Cuántos?** *Answer the questions using the cues provided. Repeat the correct response after the speaker.*

> **MODELO** You hear: ¿Trabajas veinte horas?
> You see: 30
> You say: *No, trabajo treinta horas.*

1. 48
2. 60
3. 100

4. 65
5. 21
6. 55

Telling time

H **¿Qué hora es?** *Using the cues provided, tell whether Arturo's watch is keeping the correct time. Repeat the correct response after the speaker.*

> **MODELO** You hear: Son las tres.
> You see: 2:45
> You say: *No, son las tres menos cuarto.*

1. 1:30
2. 3:50
3. 11:04

4. 12:00
5. 1:15
6. 5:35

I **La hora.** *Using the TV listing provided, indicate whether the statement that you hear is* **Cierto** *or* **Falso.** *If the statement is false, correct it on the line provided. Translate the 24-hour clock into the traditional clock when necessary. Each statement will be read twice.*

> **MODELO** You hear: *Para todos* es a las dos de la tarde.
> You check: *Cierto*

Televisión

Canal 2 — Tel. 201-3120
Canal 7 — Tel. 802-6001/6
Canal 9 — Tel. 801-3085
Canal 11 — Tel. 943-2555
Canal 13 — Tel. 27-3861/9

6.50
⑦ ATC **Actualidad agropecuaria.**

7
⑦ ATC **De 7 a 9,** informativo; cond. D. Mendoza.

9
⑦ ATC **La mañana,** periodístico; cond. A. Percivale y M. Viale.

10.30
② **Reunión de administradores.**

11
② **Antes de salir,** de interés general; cond. C. Mena y L. Festtler.
⑦ ATC **Dibujos animados.**

11.30
⑨ **Flavia está de fiesta,** infantil; cond. F. Palmiero.

12
② **Noticias al mediodía,** cond. M. Mintz y H. Giofre.
⑦ ATC **El extraño retorno de Diana Salazar,** telenovela; c/J. Martínez, L. Méndez y elenco.
⑪ **Telefé noticias,** informativo.
⑬ **Teledía 13,** informativo.

13
② **Deportemas,** con todas las disciplinas deportivas; cond. R. Aldao.
⑦ ATC **Almorzando con Mirtha Legrand,** de interés general.
⑨ **Nuevediario (1a. edición),** informativo.

⑪ **La dama de rosa,** telenovela; c/J. Rodríguez, C. Mata y elenco.
⑬ **Fax,** Magazine de humor y noticias; cond. N. Repetto y J. C. Mendizábal.

14
② **Para todos,** de interés general.
⑨ **¿Diosas o demonios?,** femenino; cond. K. Alemann, C. Medina, L. Delfino y S. Monetti.
⑪ **Indiscreciones,** con noticias del espectáculo; cond. L. Avilés.

15
② **Sentirse bien,** de interés general; cond. O. Gómez Sánchez.
⑦ ATC **Video moda,** cond. R. Giordano.
⑪ **Utilísima,** femenino; cond. P. Miccio.

⑬ **Manuela,** telenovela; c/G. Colmenares, J. Martínez y elenco.

15.10
⑦ ATC **Cine argentino: El amor nunca muere,** c/Z. Moreno, T. Merello y M. Legrand. Dirección: Luis César Amadori (capítulo 1º).

16
② **Nuestra casa,** femenino; cond. V. Hanglin.
⑨ **Chiquilina mía,** telenovela; c/D. Fanego, D. Garzón y elenco.
⑪ **El show de Los Pitufos,** dibujos animados.
⑬ **Pobre diabla,** telenovela; c/J. Rodríguez, O. Laport y elenco.

17
② **Plaza feliz,** infantil; cond.

Cierto	Falso	
1. _____	_____	_____
2. _____	_____	_____
3. _____	_____	_____
4. _____	_____	_____
5. _____	_____	_____
6. _____	_____	_____

The verbs *hacer* and *ir*

J **¿Qué hacen allí?** *Listen to the questions. Choose a verb from the list to complete each sentence. Repeat the correct response after the speaker.*

MODELO You hear: ¿Qué hace Marcela en el laboratorio de lenguas?
You write: *Escucha discos compactos.*

practica　　**bailan**　　**busco**　　**miran**　　**tomo**　　**enseña**　　**compramos**　　**hablan**

1. _____ español.

5. _____ flamenco.

2. _____ bolis y cuadernos.

6. _____ libros.

3. _____ café.

7. _____ el básquetbol.

4. _____ la televisión.

8. _____ matemáticas.

K **Y después...** *Answer the questions using the cues provided. You will be practicing both* **hacer** *and* **ir.** *Repeat the correct response after the speaker.*

MODELO You hear: ¿Haces la tarea?
You see: clase
You say: *Sí, hago la tarea y después voy a la clase.*

1. librería

4. sala de clase

2. biblioteca`

5. fiesta

3. residencia

L **¿Qué vas a hacer?** *Answer the questions using the cues provided. You will be practicing* **ir a** *+ the infinitive. Repeat the correct response after the speaker.*

MODELO You hear: ¿Qué vas a hacer en la fiesta?
You see: bailar
You say: *Voy a bailar.*

1. tomar café

5. practicar el básquetbol

2. estudiar español

6. hablar con el profesor

3. escuchar discos compactos

7. charlar con Teresa

4. buscar un diccionario

8. hacer la tarea

Nota cultural

Las cafeterías en España

M *You will hear a description of a scene in a Spanish cafeteria. Listen again if necessary. Prepare to do a comprehension activity in N.*

Vocabulario útil

bistec = *steak*   **té** = *tea*
Estados Unidos = *United States*   **vino** = *wine*

N *You will hear a series of incomplete statements about the passage. After each statement, there will be three possible conclusions. Circle the letter of the correct conclusion. Everything will be read twice.*

1. A   B   C

2. A   B   C

3. A   B   C

4. A   B   C

5. A   B   C

Lección

2 En clase

Pronunciación

The letter **h** in Spanish is always silent regardless of its position in any word, as in the following examples.

hablar   hospital   moho   alcohol   helado

You will now hear a series of words and phrases containing the letter **h.** These words are also included below so that you can see the position of this silent letter.

hacha   hoja   ¡hola!   hondo   huella

Su hija tiene hambre.   Hoy hay tres hermanos allí.
La hormiga en el hombro del hombre tiene hipo.

Más pronunciación

The Spanish **c** has two distinct pronunciations. When the **c** precedes **e** or **i,** it is pronounced like the English **s** in the word *silent*, as in the following examples.

cielo   cero   dice   lección   francés

When the letter **c** precedes all other letters, it is pronounced like the **c** in the English word *come* without the puff of air that follows the **c** in English. The letters **qu** before **e** and **i,** and the letter **k,** found only in foreign words, follow this pronunciation. Listen to the following examples.

clase   poco   creer   cálculo   que   química   kilo

Note: See **Lección 18** for the peninsular pronunciation of **c** before **e** and **i.**

Practiquemos

Now place your index finger about one inch in front of your mouth and repeat the pairs of words, imitating the pronunciation of the speaker. The first word is in English, the second in Spanish. Notice the difference in the amount of air released following the two pronunciations.

cat/**calor**   *quick*/**queso**   *educate*/**actor**
cover/**comer**   *kiss*/**kiosco**   *garlic*/**coñac**

You will now hear a series of words that contain the letter **c** before **e** or **i.** Repeat the words after the speaker.

decidir   hace   despacio   centro   encima
necesitar   ciencia   docena   medicina   receta

You will now hear a series of words that contain the letters **c** in other contexts, **qu** before **e** and **i,** and **k.** Repeat the words after the speaker.

acto	**Carmen**	**porque**	**decano**	**kriptón**
parque	**culto**	**quién**	**acción**	**equipo**

You will now hear a series of phrases containing the letter **c** in all positions, as well as **qu** before **e** and **i.** Repeat each phrase after the speaker, imitating the pronunciation and intonation as closely as you can. Each phrase will be spoken twice.

1. ¿Cuántos chicos buscan casas?

2. Como carne y queso con una Coca-Cola.

3. Cien estudiantes de ciencias corren con cuidado.

Diálogo

A *The dialogue will first be read without pauses. As you listen, fill in the missing words. The dialogue will be read again with pauses so that you can fill in the words you didn't catch the first time, practice your pronunciation, and check your work.*

Sí, yo sé la respuesta *(Yes, I know the answer)*

ANTONIO: Es mi segundo día de clase y no 1. _____

nada 2. _____ idioma inglés.

JUAN: Pues, en sólo 3. _____ días no vas a

4. _____ mucho. Pero, ¿qué piensas *(do you think of)*

5. _____ profesora?

BLAS: Yo 6. _____ que no es mala profesora de lenguas,

pero 7. _____ hablar más 8. _____.

ANTONIO: Y también debe 9. _____ todas las palabras 10. _____.

BLAS: Estoy 11. _____ de no poder hablar bien la lengua

12. _____. Soy tímido y no me gusta *(I don't like)* hablar

delante de *(in front of)* 13. _____ clase. Prefiero la química y

las matemáticas porque no necesito hablar en clase. La profesora de esta

(this) clase siempre me hace hablar.

JUAN: Tú, ¿tímido? ¡Imposible! Además *(Besides)*, 14. _____ necesario

hablar mucho y participar si deseas 15. _____ una lengua. Yo creo

que la profesora es muy 16. _____. Nos va a ayudar mucho. Y por lo menos *(at least)* en la comprensión voy a 17. _____ una buena

18. _____ porque ya comprendo todo lo que *(that)* ella dice *(says)*.

ANTONIO: Luego *(Later)* 19. _____. Ahora viene *(comes)* la profesora.

PROFESORA: Buenos días, o como se dice en inglés... *Good morning, class.* Hoy empezamos

en la página número dos 20._____ libro de lecturas. Empieza a

21. _____, Laura.

LAURA: 22. _____ una frase que no sé leer.

PROFESORA: Bueno, vamos a 23. _____ todos el libro en la primera

lección y voy a pronunciar esa frase.

Y más tarde...

PROFESORA: Esto es todo por hoy. Uds. 24._____ estudiar los verbos

to be y *to do* para mañana porque 25._____ un examen.

Y luego... en la cafetería

JUAN: Bueno, ¿qué 26. _____?

BLAS: Un sandwich grande y delicioso, una limonada 27._____

y papas fritas.

ANTONIO: ¿ 28. _____ loco? 29. _____ de comer

un sandwich grande. No 30. _____ bueno comer tanto *(so*

much).

BLAS: Ya lo sé. Pero, creo que la comida en la cafetería está tan rica, ¿por qué no?

B **Comprensión.** *You will hear a series of incomplete statements based on the dialogue. When you hear the beep, indicate the word or phrase that logically completes each statement.*

MODELO   You hear: Antonio no... nada del idioma inglés.
          You indicate: *comprende*

1. A. La profesora   B. Juan   C. Antonio

2. A. contento   B. preocupado   C. enfermo

3. A. Asistir a   B. Aprender en   C. Hablar en

4. A. aburrido   B. fácil   C. difícil

5. A. estudiar   B. pronunciar   C. repasar

6. A. pizzería   B. cafetería   C. librería

Vocabulario

C **¿Cómo están ellos?** Practice using the verb **estar** with conditions. In the space provided, write the letter of the drawing that matches the description of the physical or emotional state that you hear. The descriptions will be read twice.

A.

B.

C.

D.

E.

1. _____

2. _____

3. _____

4. _____

5. _____

D **Asociaciones de palabras.** *You will hear a series of words. Underline the verb that logically corresponds to the word that you hear.*

MODELO   You hear: composición
   You underline: *escribir/asistir*

1. recibir/entrar

2. insistir/asistir

3. llevar/repasar

4. comprender/deber

5. beber/comer

6. decidir/leer

7. vender/abrir

8. vivir/consistir

© 2004 Heinle

Forma y función

The present indicative of *-er* and *-ir* verbs

E **La vida universitaria.** *Change the following sentences according to the new subjects that you hear. Repeat the correct response after the speaker.*

MODELO You hear: Nosotros aprendemos los verbos. (tú)
You say: *Tú aprendes los verbos.*

F **Actividades estudiantiles.** *You will hear a series of incomplete statements. When you hear the beep, indicate the verb that correctly completes each statement. Repeat the correct response after the speaker.*

MODELO You hear: Sandra… estudiar por la mañana.
You see: consiste en/insiste en
You say: *Sandra insiste en estudiar por la mañana.*

1. decidir/aprender

2. bebe/come

3. abren/viven

4. Escriben/Venden

5. Debo/Creo

6. asisto/recibo

Adjectives

G **¿Cómo es?** *Practice using the verb* **ser** *with adjectives. Change the following sentences according to the new subjects that you hear. Repeat the correct response after the speaker.*

More about *ser, estar,* and *hay*

H **El profesor Ramos.** *You will hear a series of incomplete sentences about Professor Ramos. When you hear the beep(s) indicate the verb(s) that correctly complete(s) each sentence.*

1. Está/Es,   está/es
2. Son/Hay
3. es/está,   están/hay
4. está/es
5. Es/Está,   ser/estar
6. es/está
7. está/es,   es/está
8. Es/Hay,   está/es,   son/están

I **Estudiantes diferentes.** *Jorge and Luisa are friends but they are very different. In the Características box, write the adjectives that describe the characteristics of Jorge and Luisa. Note the use of the verb* **ser** *with these characteristics. In the Condiciones box, write the adjectives that describe the changeable physical conditions of Jorge and Luisa. Note the use of the verb* **estar** *with these conditions. You will hear the descriptions twice.*

	Características	Condiciones
Jorge	1. aplicado 2. 3.	1. 2. 3.
Luisa	1. 2.	1. 2. 3.

© 2004 Heinle

The contractions *al* and *del*

J **¿Adónde vamos?** *To practice the contraction* **al,** *answer the questions, using the cues provided. Follow the model. Repeat the correct response after the speaker.*

MODELO You hear: ¿Vamos a la cafetería?
You see: cafetería/bistec * restaurante
You say: *No, en la cafetería no hay bistec. Vamos al restaurante.*

1. sala de clase/papel * despacho

2. biblioteca/muchachos * gimnasio

3. residencia/cassettes * laboratorio de lenguas

4. cafetería/música * cuarto de Ramón

5. librería/bolígrafos * campus

K **¿De quién es?** *To practice the contraction* **del,** *answer the questions, using the cues provided. Repeat the correct response after the speaker.*

MODELO You hear: ¿De quién es el disco compacto?
You see: el profesor
You say: *El disco compacto es del profesor.*

1. el hombre

2. las amigas de Juan

3. los alumnos

4. el decano

5. el maestro

6. las chicas

7. la consejera

Nota cultural

Los exámenes finales en las universidades hispanas

L *You will hear a brief description of what final exams are like for Joaquín, who studies in a Spanish university. The second time you hear the description, repeat after each pause, imitating the speaker's pronunciation and intonation.*

Vocabulario útil

este = *this*   **en voz alta** = *aloud*

M *You will hear a series of statements about the passage. Indicate whether they are* **Cierto, Falso,** *or* **No se sabe.** *If the statement is false, correct it on the line provided. Each statement will be read twice.*

	Cierto	Falso	No se sabe	
1.	_____	_____	_____	_____
2.	_____	_____	_____	_____
3.	_____	_____	_____	_____
4.	_____	_____	_____	_____
5.	_____	_____	_____	_____
6.	_____	_____	_____	_____

Lección 3 Necesito trabajar

Pronunciación

The **t** in Spanish is pronounced by touching the tip of the tongue to the back of the upper front teeth. Like the Spanish **k,** there is no puff of air following the **t,** as in the following examples.

tener   **cliente**   **todo**   **Teresa**   **triste**

The **d,** when it occurs at the beginning of a breath group, or after **n** or **l,** is pronounced with the tongue in the same position as the **t.** Unlike the **t,** the vocal chords are used to pronounce the **d,** as in the following examples.

decano   **¿dónde?**   **caldo**   **el día**   **deber**

The **d** in all other positions is pronounced like a weaker version of the **th** in the English word *these.* The tip of the tongue is placed slightly between the teeth, as in the following examples.

estudios   **cansado**   **la decana**   **tarde**   **los dedos**

Practiquemos

You will now hear a series of words that contain the letter **t.** Repeat each word after the speaker.

taco	**bate**	**pronto**	**contento**	**alto**
todo	**Tomás**	**texto**	**tres**	**astuto**

You will hear a series of words that contain the letter **d** at the beginning of a breath group or after **n** or **l.** Repeat each word after the speaker.

dos	**dental**	**entender**	**dormir**	**balde**
disco	**el dólar**	**vender**	**derecho**	**tilde**

You will hear a series of words that contain the letter **d** pronounced like a weak **th** in the English word *these.* Repeat each word after the speaker.

nadie	**médico**	**más de**	**verdad**	**perder**
poder	**periódico**	**contabilidad**	**edad**	**mediodía**

You will now hear a series of phrases with words containing **t** and both pronunciations of the letter **d.** Repeat each phrase after the speaker, imitating the pronunciation and intonation as closely as you can. Each phrase will be spoken twice.

1. David no duerme los sábados.
2. ¿Dónde está el tejano alto?
3. El contador cuenta su dinero a diario.
4. El candidato deja el folleto debajo de la puerta.

Diálogo

A The dialogue will first be read without pauses. As you listen, fill in the missing words. The dialogue will be read again with pauses so that you can fill in the words you didn't catch the first time, practice your pronunciation, and check your work.

En la agencia de empleos

Es una agencia de empleos. La secretaria termina su conversación telefónica y llama a una de los candidatos que están sentados.

SECRETARIA: Muy bien, gracias. ¿Alicia Jurado?

ALICIA: _____, señorita.

SECRETARIA: Por favor, diríjase *(go)* a ese *(that)* escritorio. Allí la atenderá el Sr. Ruiz *(Mr. Ruiz will tend to you)*.

ALICIA: Gracias. _____, señor.

SR. RUIZ: Buenos días, señorita…

ALICIA: Jurado. Alicia Jurado.

SR. RUIZ: Tome asiento, por favor. ¿En qué puedo servirle?

ALICIA: Pues _____ por el anuncio que _____ hoy en el

periódico.

SR. RUIZ: ¿Cuál de ellos, señorita? Ésta *(This)* es una agencia muy grande y

_____ varios anuncios hoy en el periódico.

ALICIA: Claro. Es para el _____ de programadora de computadoras

para los Laboratorios Quimex.

SR. RUIZ: ¡Ah, sí! Un _____ excelente con un _____

futuro.

ALICIA: ¿Eso *(This)* es exactamente lo que *(what)* más me interesa, la posibilidad de

superarme *(getting ahead)* y _____.

SR. RUIZ: ¿Es por eso que _____ dejar su trabajo actual *(current)*?

© 2004 Heinle

ALICIA: Sí, señor. Ya llevo cinco años trabajando allí *(I've been working there for five years now)* y hasta ahora no he tenido *(I haven't had)* un solo ascenso.

SR. RUIZ: ¿No será *(Can it be . . .)* porque no está muy bien preparada?

• • •

ALICIA: ¡No, señor! Estoy muy bien preparada, como Ud. _____

ver en mi solicitud. También _____ inglés

perfectamente.

SR. RUIZ: Por supuesto. Eso es algo muy importante a su favor y es esencial para

este puesto. Quimex _____ muchas relaciones

comerciales en los Estados Unidos. ¿Por qué no

_____ para una entrevista con ellos?

ALICIA: Muy bien, gracias.

B **Comprensión.** *You will hear a series of incomplete statements based on the dialogue. When you hear the beep, indicate the word that correctly completes each statement.*

MODELO You hear: La secretaria acaba de…
You circle: *hablar por teléfono.*

1. A. pequeña   B. grande   C. vieja
2. A. México   B. España   C. los Estados Unidos
3. A. jefes   B. candidatos   C. trabajadores
4. A. por la noche B. por la tarde   C. por la mañana
5. A. soltera *(single)* B. casada *(married)* C. divorciada
6. A. ingeniera   B. contadora   C. programadora
7. A. dejar   B. perder   C. hacer
8. A. escribe a máquina B. habla inglés C. lee francés

Vocabulario

C **¿Quién soy?** *Indicate the profession or occupation that corresponds to the description that you hear. Repeat the correct response after the speaker.*

1. vendedora/peluquera *(hair dresser)*

2. artista/músico

3. analista/periodista

4. siquiatra/abogada

5. camarero/programador

6. profesor/maestro

7. científica/enfermera

8. policía/médico

D **Busco trabajo.** *Marta is thinking out loud about her job search. You will hear a series of incomplete statements about Marta's employment situation. When you hear the beep, indicate the word or phrase that logically completes each statement.*

MODELO You hear: En el periódico hay un anuncio para un... de programadora en la compañía Quimex.
You indicate: *puesto*

1. A. experiencia   B. beneficio   C. gerente

2. A. obrero   B. candidato   C. jefe

3. A. cita   B. solicitud   C. carrera

4. A. contar   B. dejar   C. ganar

5. A. de medio tiempo   B. de tiempo completo C. con muchos beneficios

© 2004 Heinle

Forma y función

The present tense of *e → ie* and *o → ue* stem-changing verbs

E **En el restaurante francés.** *Two couples are planning to have lunch in a French restaurant. Follow the model and answer the questions affirmatively. Repeat the correct response after the speaker.*

MODELO   You hear: ¿Recuerdan Uds. el nombre del restaurante?
   You answer: *Sí, recordamos el nombre del restaurante.*

Tener expressions

F **¿Qué tiene?** *In the space provided, write the letter of the drawing that matches the sentence that you hear. Each sentence will be read twice.*

A.

B.

C.

D.

E.

F.

1. _____   4. _____

2. _____   5. _____

3. _____   6. _____

(G) **Tengo que...** *In this exercise you will practice the expression* **tener que** *+ infinitive. You will hear a short description of what Manuel and Francisco have to do today. Write their activities in the appropriate section of the chart provided. The description will be read twice.*

	¿Qué tienen que hacer?
Manuel	1. Tiene que estudiar mucho. 2. 3 4.
Francisco	1. 2. 3 4.

Possessive adjectives

(H) **¡Qué negativo!** *Change the possessive adjective in each sentence according to the cue that you hear. Repeat the correct response after the speaker.*

MODELO You hear: Nuestra empresa pierde dinero. (Carlos y Marta)
You say: *Su empresa pierde dinero.*

(I) **Para aclarar.** *Using the cues provided, clarify the following sentences by replacing the possessive adjective with the* **de** *construction. Follow the model and repeat the correct response after the speaker.*

MODELO You hear: Es su secretaria.
You see: José Alberto
You say: *Es la secretaria de José Alberto.*

1. la Sra. Torres

2. la compañía

3. Uds.

4. Rosaura

5. Ricardo y Marisela

6. el abogado

7. Ud.

Indefinite and negative expressions

(J) **¡Qué aburrido!** *Rosita always plans an interesting weekend. Play the part of Rosita's colleague who doesn't know how to have fun. Change the following statements to the negative. Repeat the correct response after the speaker.*

MODELO You hear: Hago algo interesante esta noche.
You say: *No hago nada interesante esta noche.*

Nota cultural

El problema del paro (unemployment) en el mundo hispano

K *Gustavo Castro is a senior at the Universidad Mayor de San Marcos in Lima, Peru. You will hear a passage describing the economic situation that awaits Gustavo upon his graduation. The second time you hear the passage, repeat after each pause, imitating the speaker's pronunciation and intonation.*

Vocabulario útil

se gradúa = *he graduates*
este año = *this year*
lejos = *far*

L *You will hear a series of incomplete statements about the passage. Circle the letter that corresponds to the correct conclusion of each statement. Everything will be read twice.*

1. A   B   C
2. A   B   C
3. A   B   C
4. A   B   C
5. A   B   C

Lección

4 Así es mi familia

Pronunciación

The **g** has three distinct pronunciations in Spanish. When the **g** is followed by **a, o,** or **u** <u>and</u> is at the beginning of a breath group or following an **n,** it is pronounced much like the **g** in the English word *give,* as in the following examples.

gato	gordo	gusto	guantes	burgués	mango

When the **g** is in any other position except **ge** and **gi,** it is much weaker, as in the following examples.

mago	agua	pregunta	legumbre	largo	rasgo

When the **g** is followed by **e** or **i,** it is pronounced somewhat like the **h** in the English word *heart,* as in the following examples.

gesto	giro	rige	Bunge	inteligente	gitano

The Spanish **j** is pronounced like the Spanish **g** in **ge** or **gi,** as in the following examples.

jota	Javier	mejor	reloj	hijo	Jorge

Practiquemos

You will now hear a series of words that contain the **g** followed by **a, o,** or **u** at the beginning of a breath group or following an **n.** Repeat each word after the speaker.

ganar	fango	lengua	golpe
tango	guapo	gota	tengo

You will now hear a series of words that contain the **g** in any other position except **ge** and **gi.** Repeat each word after the speaker.

pago	agudo	pargo	holgazán
lograr	los grupos	Afganistán	reglas

You will now hear a series of words that contain the **g** before **e** or **i.** Repeat each word after the speaker.

gente	genio	regente	corregir
ágil	coger	álgebra	ginebra

You will now hear a series of words that contain the **j.** Repeat each word after the speaker.

cajón	jerez	ají	jabón
adjunto	objeto	pasaje	forjar

You will now hear a series of phrases using the various pronunciations of the Spanish **g.** Repeat each phrase after the speaker, imitating the pronunciation and intonation as closely as you can. Each phrase will be spoken twice.

1. Los ingleses gobiernan Gibraltar.

2. El gigante gordo tiene gestos graciosos.

3. Al gorila grande no le gustan los gusanos.

4. Luego de ganar, mi suegro regresó al gimnasio.

Diálogo

A *The dialogue will first be read without pauses. As you listen, fill in the missing words. The dialogue will be read again with pauses so that you can fill in the words you didn't catch the first time, practice your pronunciation, and check your work.*

Te invito a comer

ROSA: Carla, _____ invitarte a _____ casa mañana. Va

_____ estar toda mi _____. ¿ _____ ir?

CARLA: Sí, gracias. Me gustaría *(I would like)* _____ tus padres.

ROSA: También van a estar mi hermano _____ y mi _____

Mi hermano _____ no, porque está en la universidad.

CARLA: ¡Qué pena! Me dicen *(They tell me)* que es muy _____.

ROSA: No te preocupes *(Don't worry)*. Va a estar un _____ que también

es guapísimo. ¡Te va a encantar!

CARLA: ¿ _____ qué hora es la reunión?

ROSA: A las doce, para _____.

CARLA: ¿A qué hora _____ tu primo?

ROSA: Creo que _____ las once.

CARLA: Entonces, ¡Yo también voy a estar allí a las once!

• • •

ROSA: Oye, Carla, tú _____ dónde vivo, ¿no? Creo que

_____ a los López, que también viven en mi calle.

CARLA: Sí, sí. Es decir, conozco a su hija Berta. Pero no _____ llegar a su casa.

ROSA: Mira, te _____ un mapa. ¿Está bien?

CARLA: Perfecto. Bueno, _____ a ir a clase. _____.

ROSA: Chau, chica.

B **Comprensión.** *You will hear a series of false statements about the dialogue. Correct them on the lines provided. Each statement will be read twice.*

MODELO   You hear: Carla conoce al hijo de los López.
             You write: *Falso. Carla conoce a la hija de los López.*

1. _____

2. _____

3. _____

4. _____

5. _____

6. _____

7. _____

8. _____

Vocabulario

C **La familia de Hortensia.** *Listen to the description of Hortensia Aguilar's family, which is depicted in the family tree below. Indicate whether each statement is* **Cierto** *or* **Falso.** *If the statement is false, correct it on the line provided.*

MODELO   You hear: Juanita es la hermana de Rogelio.
             You write: *Falso. Juanita es la esposa de Rogelio.*

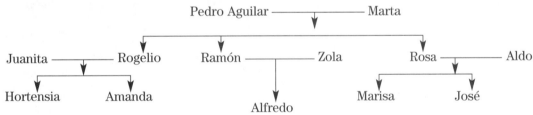

	Cierto	**Falso**	
1.	_____	_____	_____
2.	_____	_____	_____
3.	_____	_____	_____
4.	_____	_____	_____
5.	_____	_____	_____
6.	_____	_____	_____
7.	_____	_____	_____
8.	_____	_____	_____

D **Asociaciones de palabras.** *You will hear a series of words. Underline the verb that logically corresponds to the word that you hear.*

You hear: desayuno
You underline: *comer/decir*

1. poner/crecer

2. llorar/contar

3. dar/almorzar

4. conducir/producir

5. nevar/invitar

6. decir/salir

7. oír/ver

8. vivir/abrir

Forma y función

More irregular verbs in the present tense

E **La reunión familiar.** *Rosaura describes a family gathering. Change the following sentences according to the cue that you hear. Previously presented irregular verbs are included in this exercise. Repeat the correct response after the speaker.*

MODELO You hear: Conozco a todos los primos. (nosotros)
You say: *Conocemos a todos los primos.*

F **La fiesta.** *Natalie's little sister wants to know all about the party that Natalie is going to. Answer each question affirmatively, according to the model. Repeat the correct response after the speaker.*

MODELO You hear: ¿Oyes música salsa en la fiesta?
You say: *Sí, oigo música salsa en la fiesta.*

The personal *a*

G **Mi abuela está enferma.** *You will hear a series of sentences. When you hear the beep indicate whether the personal **a** belongs there. Repeat the correct response after the speaker.*

MODELO You hear: En la sala de espera *(waiting room)* del hospital miro... la televisión.
You indicate: *a/* $\ominus$ *(nothing, the direct object is not a person.)*

1. a/-

2. a/-

3. a/-

4. a/-

5. a/-

6. a/-

7. a/-

The verbs *saber* and *conocer*

H Una familia interesante. *Decide whether* **saber** *or* **conocer** *should complete the sentences of the dialogue that you will hear. When you hear the beep, indicate the appropriate verb. Repeat the correct response after the speaker.*

MODELO You hear: ¿Por qué quieres... de la familia de Octavio?
You indicate: *conocer/saber*

1. sabes/conoces
2. conoce/sabe
3. sabe/conoce
4. conozco/sé

5. sabes/conoces
6. conoce/sabe
7. saber/conocer
8. Conozco/Sé

I ¿Qué saben Uds.? *Practice using the verbs* **saber** *and* **conocer** *by answering the questions according to the model. Repeat the correct response after the speaker.*

MODELO You hear: ¿Conoces a la madre de Sofía?
You say: *Sí, conozco a la madre de Sofía.*

You hear: ¿Qué sabes de ella?
You see: Habla francés.
You say: *Sé que habla francés.*

1. Es arquitecta.
2. Es español.
3. Son famosos.
4. Hace calor allí.

5. Es bailarina.
6. Son inteligentes.
7. Son bonitas.
8. Es de México.

El tiempo y las estaciones

J ¡Vamos a escuchar la radio! *Listen to the following weather reports from Spain and Latin America and indicate what season of the year it is at that location. You will hear the answers on the recording.*

MODELO Radio Maya Sol/Copán, Honduras
You hear: Buenos días, amigos. Hoy la temperatura va a llegar a 30 centígrados (86° Fahrenheit). Recomendamos una limonada bien fría.
You indicate: *Verano.*

	Primavera	Verano	Otoño	Invierno
1. Radio Azteca/Guadalajara, México	_____	_____	_____	_____
2. Radio Montevideo/Montevideo, Uruguay	_____	_____	_____	_____
3. Radio Lima/Lima, Perú	_____	_____	_____	_____
4. Radio Sur/Tierra del Fuego, Argentina	_____	_____	_____	_____
5. Radio Nacional de España/Madrid, España	_____	_____	_____	_____

Numbers above 100

K **De compras.** *Adela is shopping in a large department store in San Juan, Puerto Rico. You will hear several clerks telling her how much certain items cost. Match each statement with the correct picture by writing the corresponding letter in the spaces provided. You will hear the answers on the recording.*

A.

B.

C.

D.

E.

F.

1. _____   4. _____

2. _____   5. _____

3. _____   6. _____

Nota cultural

La familia hispana

L *You will hear a brief description of the González family of Ponce, Puerto Rico. The second time you hear the description, repeat after each pause, imitating the speaker's pronunciation and intonation.*

Vocabulario útil

don/doña = *titles of respect*   **unida** = *close, united*   **generaciones** = *generations*
casa = *house*

M *You will hear a series of incomplete statements about the passage. When you hear the beep, indicate the letter of the correct conclusion of the statements. Everything will be read twice.*

1. A   B   C

2. A   B   C

3. A   B   C

4. A   B   C

5. A   B   C

Lección

5 Así es mi casa

Pronunciación

The **ll** in Spanish is considered one letter and is pronounced like a strong **y** in the English word *yes*, as in the following examples.

calle   **llantos**   **sello**   **patrulla**   **silla**

The letter **y** in Spanish has both consonantal and vocalic qualities. When the **y** begins a syllable, it is being used as a consonant and is also pronounced like a strong **y** in the English word *yes*, as in the following examples.

yo   **hoyo**   **inyección**   **payaso**   **yeso**

The conjunction **y** meaning *and* is always pronounced like the Spanish vowel **i,** as in the following examples:

ser y estar   **¿Y usted?**   **ésa y aquél**   **Juan y Tomás**

In Spanish the letter **y** is sometimes used as a vowel to form diphthongs. In these instances, which are few in number but frequent in use, the **y** is pronounced like the Spanish **i** and appears at the end of the syllable, as in the following examples.

hay   **voy**   **soy**   **doy**   **estoy**   **muy**

Practiquemos

You will now hear a series of phrases containing the consonantal **y** and the conjunction **y.** Listen carefully, then indicate on the chart provided which of these you hear. Each phrase will be spoken twice. You will hear the answers on the recording.

	Consonantal	Conjunction
1.		
2.		
3.		
4.		
5.		
6.		
7.		

You will now hear a series of words that contain the **ll** in Spanish. Repeat each word after the speaker.

allí	**pollo**	**llevar**	**bello**	**llamada**
ladrillos	**sillón**	**lleno**	**mellizos**	**maravilla**

You will now hear a series of words that contain the consonantal **y** in Spanish. Repeat each word after the speaker.

ayer	**yate**	**mayor**	**leyes**	**cayera**
yuca	**mayas**	**yerno**	**cónyuge**	**Yugoslavia**

You will now hear eight phrases. The first half contain the **ll** and the second half, the consonantal **y**. Repeat each phrase after the speaker, imitating the pronunciation and intonation as closely as you can. Each phrase will be spoken twice.

1. Lleva dos días llamando.

2. Ella compró una silla amarilla.

3. Como no entraba la llamada, lloraba allí en la lluvia.

4. Al castillo de ladrillos llegaron los mellizos listos.

5. Los reyes no obedecen las leyes.

6. Mi yerno se cayó al hoyo.

7. En tonos peyorativos, habló del yugo conyugal.

8. El yate rumbo a Yugoslavia se destruyó con unos rayos.

Diálogo

Ⓐ *The dialogue will first be read without pauses. As you listen, fill in the missing words. The dialogue will be read again with pauses so that you can fill in the words you didn't catch the first time, practice your pronunciation, and check your work.*

Hogar, dulce hogar

Ana muestra las renovaciones de su casa. Entra con su amiga Rosa.

ROSA: No puedo _____. ¡Qué renovación más perfecta!

ANA: Acompáñame. _____ mostrarte toda _____ renovación.

Entran en la sala...

ROSA: Me gusta *(I like)*_____ sala. Tiene un estéreo estupendo con disco

compacto y un _____ a color con videocasetera. ¡Qué cómoda!

(How comfortable)

Pasan por el baño...

ANA: Mira. _____ es el cuarto _____

pequeño. Sólo tiene _____, pero el otro tiene

_____ con jacuzzi y un _____ muy grande.

ROSA: Me gustaría *(I would like)* ver tu _____.

Van a la alcoba de Ana...

ANA: Como ves, no es muy grande pero _____ es bonita. Tiene un

_____ donde guardo *(I keep)* todas _____

cosas y mi _____ es muy cómoda. Quiero una

_____ pero mamá _____ que no. Y

_____ escritorio _____ mis trabajos de clase, claro,

cuando no _____ contigo *(with you)* por teléfono.

• • •

ROSA: Me gusta la ventana que hay en el techo. Oye, te quiero _____ una

cosa. ¿Podemos ir a la cocina? Estoy muriendo de hambre.

ANA: Sí, cómo no. Pero te pido algo, también. No debes dejarme comer nada.

_____ una dieta estricta. Ahora, ¿qué te _____?

Van a la cocina.

B **Comprensión.** *You will hear a series of statements about the dialogue. Indicate whether they are* **Cierto, Falso,** *or* **No se sabe.** *If the statement is false, correct it on the line provided. Each statement will be read twice. You will hear the answers on the recording.*

MODELO You hear: La cocina es muy grande.
You indicate: *No se sabe.*

Cierto	Falso	No se sabe	
1. _____	_____	_____	_____
2. _____	_____	_____	_____
3. _____	_____	_____	_____
4. _____	_____	_____	_____
5. _____	_____	_____	_____
6. _____	_____	_____	_____
7. _____	_____	_____	_____
8. _____	_____	_____	_____

Vocabulario

C **¿Dónde está el lavaplatos?** *The movers have finished moving your furniture and they're tired; they're not always making sense. Listen to their statements about where things are and respond to each statement with* **lógico** *or* **ilógico.** *Correct the illogical statements on the lines provided.*

MODELO   You hear: La bañera está en el garaje.
You check: *ilógico.*
You write: *La bañera está en el baño.*

	lógico	ilógico
1.		
2.		
3.		
4.		
5.		
6.		

_____

_____

_____

_____

_____

D **Asociaciones de palabras.** *You will hear a series of words. Underline the verb that logically corresponds to the word that you hear.*

MODELO   You hear: alfombra
You underline: *planchar/pasar la aspiradora*

1. barrer/impedir *(impede)*
2. servir/seguir
3. chismear/limpiar
4. arreglar/ayudar

5. alquilar/fregar
6. competir/hacer
7. pedir/corregir
8. repetir/elegir

E **Casas y apartamentos.** *Listen to the descriptions of the kinds of housing that certain people are looking for in Spain. As a real estate agent you wish to match your clients' needs with the appropriate listing. Write the letter of the correct listing in each blank.*

MODELO   You hear: Pienso pasar mis vacaciones de agosto en el norte del país, no importa el costo *(cost)* del alquiler *(rent).*
You write: *E*

Paseo Prado, zona, completamente reformado, dos dormitorios, abuhardillados,° baño. 9.500.000 más hipoteca.° ☎ 429 17 08.

A.

garrett-like mortgage

Turísticos desde tres días, semanas, meses, servicios incluidos. General Pardiñas, 92. ☎ 401 18 12.

B.

Villalba, 120 m², amueblado, dos baños, chimenea, garaje, trastero.° 12.700.000. Financiación 15 años. ☎ 850 61 61.

C.

lumber room

Argüelles, salón-comedor, cinco habitaciones, tres baños hidromasaje, aire acondicionado. 39.000.000 pesetas. ☎ 593 97 43.

D.

Villalba, 120 m², amueblado, dos baños, chimenea, garaje, trastero.° 12.700.000. Financiación 15 años. ☎ 850 61 61.

E.

1. _____

2. _____

3. _____

4. _____

5. _____

© 2004 Heinle

Forma y función

Prepositional pronouns

F **¿Para quién es?** *The Buentello family is adjusting to their new home. Answer the questions, using the cues provided. Follow the model. Repeat the correct response after the speaker.*

MODELO You hear: ¿El televisor es para mí?
You see: Elena
You write: *No, el televisor es para ella.*

1. Juan y Óscar

2. Carlos

3. María y yo *(female)*

4. Fernando

5. Ada, Juanita y tú

6. Natalia y yo *(male)*

The present progressive tense

G **¿Qué están haciendo?** *Tell what these people are doing by writing the letter of the drawing that matches the description that you hear. You will hear the answers on the recording.*

A.

B.

C.

D.

E.

1. _____   4. _____

2. _____   5. _____

3. _____

The present tense of *e → i* stem-changing verbs

H Nosotros también. *The subject of the sentences that you will hear is* **yo.** *Change the sentences according to the new subject,* **nosotros.** *Repeat the correct response after the speaker.*

MODELO You hear: Impido crimen en la ciudad.
You say: *Impedimos crimen en la ciudad, también.*

I ¿Pido o pregunto? *In this exercise you will practice distinguishing between the verbs* **pedir** *and* **preguntar.** *Listen to the following sentence fragments. Choose either* **pido** *or* **pregunto** *to begin each one. Repeat the correct response after the speaker.*

MODELO You hear: ... quién es el nuevo presidente.
You say: *Pregunto quién es el nuevo presidente.*

Demonstrative adjectives and pronouns

J Compras para la casa nueva. *The salesman of a department store will ask you questions regarding possible purchases. Follow the model and use the cues provided.* **Allí** *refers to* **ése** *and its variations;* **lejos** *refers to* **aquél** *and its variations.*

MODELO You hear: ¿Quisiera *(Would you like)* Ud. estos espejos? (allí)
You say: *No, prefiero ésos.*

You hear: ¿Quisiera Ud. esta escoba? (lejos)
You say: *No, prefiero aquélla.*

Direct object pronouns

K ¿Por qué no? *You don't understand why Miriam doesn't do what she says she wants to do. Respond to the statements that you hear, substituting pronouns for the direct object nouns. Repeat the correct response after the speaker.*

MODELO Miriam says: Quiero mirar el programa.
You say: *¿Por qué no lo miras?*

L No tienes que hacerlo. *Rodolfo will list numerous things that he doesn't want to do. Tell him that he doesn't have to do them. Follow the model, substituting pronouns for direct object nouns. Repeat the correct response after the speaker.*

MODELO You hear: No quiero lavar el suelo.
You say: *No tienes que lavarlo.*

Nota cultural

La vida urbana (*urban life*) en Latinoamérica

M *You will hear a brief description of urban and suburban life in Latin America. The second time you hear the description, repeat after each pause, imitating the speaker's pronunciation and intonation.*

Vocabulario útil

urbanizaciones = *suburbs*

N *You will hear a series of statements about the passage. Indicate whether they are* **Cierto, Falso,** *or* **No se sabe.** *If the statement is false, correct it on the line provided. Each statement will be read twice.*

	Cierto	Falso	No se sabe	
1.	_____	_____	_____	_____
2.	_____	_____	_____	_____
3.	_____	_____	_____	_____
4.	_____	_____	_____	_____
5.	_____	_____	_____	_____
6.	_____	_____	_____	_____

Lección 6

Pasando el día en casa

Pronunciación

The Spanish **z** is always pronounced like the **s** in the English word *sorry*, as in the following examples.

| empezar | pez | zorro | zumbido | azúcar | taza |

Practiquemos

You will hear a series of words that contain the **z** in Spanish. Repeat each word after the speaker.

| vez | nuez | cerveza | zapato | comenzar | izquierda |
| cazar | alzar | zócalo | almuerzo | forzar | zona |

You will now hear a series of phrases with words containing the **z** in Spanish. Repeat each phrase after the speaker, imitating the pronunciation and intonation as closely as you can. Each phrase will be said twice, the second time with fewer pauses than the first.

1. El juez feliz comió su almuerzo.

2. Gozo del chorizo con mostaza y cerveza.

3. La azafata adelgazó mucho comiendo mezclas de arroz y zanahorias.

Note: See **Lección 18** for the peninsular pronunciation of the Spanish **z.**

Diálogo

 The dialogue will first be read without pauses. As you listen, fill in the alternate lines. The dialogue will be read again with pauses so that you can fill in the words you didn't catch the first time, practice your pronunciation, and check your work.

Hablando por teléfono

Una cita por teléfono

JULIO: ¿Aló, Paula?

PAULA: _____

JULIO: Soy yo, Julio.

PAULA: _____

JULIO: Bien... Oye, ¿qué haces ahora?

PAULA: _____

JULIO: Entonces, ¿por qué no vamos al cine? Hay una buena película de Carlos Saura en El Colón.

PAULA: _____

JULIO: Se llama *El amor brujo* y tiene música y baile flamenco.

PAULA: _____

JULIO: A las siete. Paso por ti en media hora y así podemos ir a tomar un refresco, ¿bien?

PAULA: _____

JULIO: Entonces nos vemos *(We'll see each other)*. Chau.

¿Puedo dejar un mensaje?

El hombre 1 contesta el teléfono.

HOMBRE 1:   _____

HOMBRE 2:   Buenos días, ¿está la Sra. Prado?

HOMBRE 1:   _____

HOMBRE 2:   Estoy llamando de la compañía de seguros *(insurance)* Atlas y necesito hablar urgentemente con la Sra. Prado.

HOMBRE 1:   _____

HOMBRE 2:   Es para el trabajo de programadora de computadoras que ha solicitado.

HOMBRE 1: _____

HOMBRE 2: ¿Le puede dar el mensaje? Tiene que venir a nuestras oficinas hoy mismo antes de las tres.

HOMBRE 1: No hay problema, señor. Ella regresa en una hora. Yo le diré que se comunique con Ud. *(I'll tell her to call you).*

HOMBRE 2: _____

HOMBRE 1: _____

Número equivocado

JUANA: _____

MARÍA: No, soy María.

JUANA: _____

MARÍA: ¿Qué Rosa? Aquí no vive ninguna Rosa.

JUANA: _____

MARÍA: No, señora, tiene el número equivocado.

JUANA: _____

MARÍA: No tiene por qué.

• • •

Entra José, el esposo de María.

JOSÉ: _____

MARÍA: Pues, fue un número equivocado. Pero, es la tercera vez esta semana que alguien nos llama buscando a Rosa. La primera vez no me molestó, ni la segunda. Pero ahora creo que debemos cambiar nuestro número de teléfono. ¿Qué piensas?

JOSÉ: _____

_____

B Comprensión. *You will hear a series of incomplete statements based on the dialogue. When you hear the beep, indicate the words that correctly complete each statement.*

MODELO   You hear: Cuando Julio llama a Paula, ella...
You indicate: *no hace nada.*

1. A. al baile flamenco.   B. al teatro.   C. al cine.

2. A. en el   B. del   C. de

3. A. tomar un refresco.   B. bailar flamenco.   C. escuchar música.

4. A. por la mañana.   B. mañana.   C. por la tarde.

5. A. no está.   B. contesta el teléfono.   C. habla por teléfono.

6. A. vuelve a llamar.   B. deja un mensaje.   C. tiene el número equivocado.

7. A. no dice nada.   B. dice «lo siento».   C. pide perdón

Vocabulario

C El periódico. *Skim the following newspaper items. In the spaces provided, write the letter corresponding to the item that matches the section heading that you hear. Each heading will be read twice.*

CICLISMO

Ciclo Ases

El Club Ciclo Ases efectuó este fin de semana sus habituales chequeos de ruta. en
A. los alrededores de la capital de la República:

REPUBLICA DOMINICANA
Buenas Noticias Para los Que Viajan

B.

Buscamos a profesionales, bilingües, que tengan experiencia en préstamos hipotecarios para que compartan todo este éxito.

Usted recibirá:
• Las mãs atlas comisiones
• El mejor entrenamiento
• La oportunidad de trabajar con los mejores bancos e instituciones financieras

C.

Geminis

Estás bien activo, contento, y no es para menos. Varias opciones en el amor se están presentando ahora, y tú vas a poder elegir lo que más te convenga. Escoge por amor, sin embargo, no por interés. Una oportunidad de cambiar de empleo o comenzar un negocio se presentará próximamente. Números
D. *de suerte: 4, 6, 12.*

© 2004 Heinle

THE MEXICAN
  EEUU. 2001. Director: Gore Verbinski. Intérpretes: Brad Pitt, Julia Roberts, James Gandolfini. Jerry es un delincuente a sueldo que decide hacer un éltimo trabajo para su jefe. Para ello tendrá que viajar hasta México.

NADIE ES PERFECTO
  EEUU. 1999. Director: Joel Schumacher. Intérpretes: Robert de Niro, Philip Seymour Hoffman, Barry Miller. Walter, un ex marine ultra-conservador, se ve obligado a someterse a una terapia de rehabilitación con su vecíno.

NUEVE REINAS
  Argentina. Director: Fabian Bielinsky. Intérpretes: Ricardo Darin, Gaston Pauls, Leticia Bredice. Dos estafadores de poca monta se ven envueltos en un negocio enorme en el que todo es corrupción.

OPERACION SWORDFISH
  EEUU. 2001. Director: Dominic Sena. Intérpretes: John Travolta, Hugh Jackman, Halle Berry. Gabriel es un peligroso espía que contrata a un *hacker*, quien logrará entrar en los más sofisticados sistemas de seguridad mundiales.

E.

†
CRISTÓBAL SÁNCHEZ LÓPEZ

Ha fallecido el día 12 de septiembre de 2001, en Almería, a los 81 años de edad

La misa y el entierro serán mañana, día 13 de septiembre de 2001, a la 12 horas, en la iglesia de los Franciscanos de Almería.

F.

1. _____   4. _____

2. _____   5. _____

3. _____   6. _____

D **¿Lógico o ilógico?** *Olga has been abroad, and her friends are filling her in on the events of the past semester. You will hear a series of statements, followed by Olga's reactions. Indicate whether her reactions are* **lógico** *or* **ilógico.** *Correct the illogical reactions on the lines provided. The answers are on the recording.*

MODELO	You hear:	Hilda ganó una beca para estudiar en Madrid.
	You hear:	¡Qué pesado!
	You indicate:	*ilógico.*
	You write:	*¡Qué suerte!/¡Qué bien!/¡Qué alegría!*

	lógico	ilógico
1.		
2.		
3.		
4.		
5.		

_____
_____
_____
_____
_____

E Una conversación telefónica. *Complete the following brief phone conversation by indicating the correct response. You will hear the complete conversation on the recording.*

¡¡¡Rrrrrrring!!!

FEDERICO:	" "		
ANTONIO:	A. ¿Bueno?	B. ¿Con quién hablo?	C. Buenos días. ¿Está Paco?
FEDERICO:	" "		
ANTONIO:	A. Soy Antonio.	B. Un momento, por favor.	C. ¿De parte de quién?
FEDERICO:	" "		
ANTONIO:	A. Lo siento.	B. Sí, gracias.	C. Están comunicando.

Forma y función

Indirect object pronouns

F ¿Directo o indirecto? *The sentences that you will hear contain object pronouns. Indicate whether the pronoun is a direct object or an indirect object. Write the pronoun on the line provided. Each sentence will be read twice.*

> **MODELO**   You hear: Lo leemos para mañana.
> You indicate: *directo*/indirecto   *lo*

1. directo/indirecto _____	6. directo/indirecto _____
2. directo/indirecto _____	7 directo/indirecto _____
3. directo/indirecto _____	8. directo/indirecto _____
4. directo/indirecto _____	9. directo/indirecto _____
5. directo/indirecto _____	10. directo/indirecto _____

G ¿A quién? *Complete the following sentences by adding the indirect object pronoun according to the cue you hear. Repeat the correct response after the speaker.*

> **MODELO**   You see: Compro revistas.
> You hear: a mamá
> You say: *Le compro revistas.*

1. Presto libros.

2. Regalo juguetes.

3. Hago café.

4. Doy regalos.

5. Consigo libros.

6. Pido permiso.

Direct and indirect object pronouns

H **Dos pronombres.** *Change the sentences you hear by substituting the appropriate pronoun for the direct object noun. Make necessary changes in the indirect object pronoun. Repeat the correct response after the speaker.*

MODELO You hear: Le limpio la cocina.
You say: *Se la limpio.*

The preterite tense of regular verbs

I **¡Hay mucho que hacer!** *At the Padilla home there's a lot to do, and someone* **(alguien)** *has to do it. Follow the model and repeat the correct response after the speaker. Use* **ya** *to say "already".*

MODELO You hear: Alguien tiene que preparar la cena.
You hear: Sandra
You say: *Sandra ya (already) preparó la cena.*

J **Yo lo hice todo.** *In this exercise you will practice verbs that have spelling changes in the first-person singular form. Follow the model and repeat the correct response after the speaker.*

MODELO You hear: ¿Quién negó el problema?
You say: *Yo negué el problema.*

The preterite of the verbs *ir, ser, dar,* and *hacer*

K **Una visita al médico.** *Laura went with her mother to the doctor and then answered her father's questions about the visit. When you hear the beep, underline the correct verb to complete the statements that you will hear. Repeat the correct response after the speaker.*

MODELO You hear: Mamá le... las gracias al doctor.
You underline: *di/dio*

1. hice/hizo

2. hice/hizo

3. fue/fui

4. di/dio

5. fui/fue

6. dieron/dimos

7. hizo/hicieron

8. fui/fue

Nota cultural

La realidad de los teléfonos en el mundo hispano

L *You will hear a brief description of what telephone service is like in some parts of Spain and Latin America. The second time you hear the description, repeat after each pause, imitating the speaker's pronunciation and intonation.*

Vocabulario útil

funcionar = *to work, to function* **pueblo** = *town, village*
lado = *side* **mejor** = *better*

M *You will hear a series of statements about the passage. Indicate whether they are **Cierto, Falso, or No se sabe.** If the statement is false, correct it on the line provided. Each statement will be read twice. You will hear the answers on the recording.*

	Cierto	Falso	No se sabe	
1.	_____	_____	_____	_____
2.	_____	_____	_____	_____
3.	_____	_____	_____	_____
4.	_____	_____	_____	_____
5.	_____	_____	_____	_____
6.	_____	_____	_____	_____

7 En el restaurante

Pronunciación

The letter **r** has two distinct pronunciations in Spanish. In the following instances, the **r** is trilled very strongly as the tip of the tongue strikes the upper palate in a series of extremely rapid vibrations:

- when the **r** appears at the beginning of a word, as in the following examples.

| **Roberto** | **rosa** | **repetir** | **radio** | **risa** |

- when the **r** appears after the consonants **l, n,** or **s,** as in the following examples.

| **Enrique** | **alrededor** | **Israel** | **honrar** | **enredo** |

- when the **r** is spelled **rr,** as in the following examples.

| **perro** | **carro** | **torre** | **cerro** | **marrón** |

In any other position the **r** sound is pronounced with a single flap of the tongue against the upper palate. The sound is very similar to the English *tt* and *dd* in the words *butter* and *fodder*. Note the following examples.

| **caro** | **pero** | **ahora** | **libro** | **cero** |

Practiquemos

You will now hear a series of words in Spanish that contain the **r** sound. After you hear each word, indicate whether it contains either the trilled **r** or the flap **r.** Place a checkmark in the appropriate column on the chart. You will hear the answers on the recording.

	Flap R	Trilled R
1.		
2.		
3.		
4.		
5.		
6.		
7.		
8.		
9.		
10.		

You will now hear a series of words and phrases that contain the trilled **r** in Spanish. Repeat each word after the speaker.

enredo	**regular**	**borrador**	**morro**	**Rodrigo**	**Enrique**
ronda	**tierra**	**cerrar**	**repetir**	**correr**	**arriba**

You will now hear a series of words containing the flap **r** sound in Spanish. Repeat each word after the speaker.

loro	**mujer**	**colores**	**oro**	**libro**	**verbo**
mirada	**Laura**	**práctica**	**caro**	**cero**	**toro**

You will now hear a series of phrases with words containing both the trilled and the flap **r** in Spanish. Repeat each phrase after the speaker, imitating the pronunciation and intonation as closely as you can. Each phrase will be spoken twice.

1. Ramón y Rodrigo repiten los verbos irregulares.

2. Enrique regresa en el ferrocarril.

3. El loro y el perro se ríen de Rosa.

4. Rosa quiere repasar el libro de historia.

5. La tierra y el morro son de color marrón.

Diálogo

A *The dialogue will first be read without pauses. As you listen, fill in the missing words. The dialogue will be read again with pauses so that you can fill in the words you didn't catch the first time, practice your pronunciation, and check your work.*

Platos raros

MOZO: ¿El señor es norteamericano?

JOHN: Sí, _____.

MOZO: Si Ud. me permite, quisiera _____ algo. Es la especialidad de nuestro

cocinero y además es el _____ favorito de los norteamericanos. Es

éste: el _____ tropical a la orden. Ud. _____ los

_____ y nosotros lo hacemos como Ud. lo pida. _____

veintidós ingredientes para escoger. Es un plato _____.

ESPOSO: Una idea sensacional, ¿no, John?

JOHN: Sí... Pero yo no _____ qué son todas estas cosas.

ESPOSA: Es verdad. _____ ayudarte.

MOZO: Pues... Yo puedo volver _____. ¿Está bien, señores?

© 2004 Heinle

JOHN: Pues yo sé qué son _____, _____,

_____, garbanzos y chiles. Pero, ¿qué son _____?

ESPOSO: Las aceitunas son los frutos de los olivos. Son _____, como de este

tamaño, y a veces están rellenas *(filled)* de _____.

JOHN: Claro... *Aceitunas*... Como *aceite*.

ESPOSO: Exactamente.

JOHN: A ver. ¿Qué más? Guisantes, habichuelas *(beans)*, _____, hongos

(mushrooms), _____, lentejas *(lentils)*... Ummmm. Todos me

_____.

ESPOSO: Y, ¿no le ponen _____ al arroz?

ESPOSA: No sé. No _____ en la lista.

ESPOSO: La lista no incluye carnes.

MOZO: Sí, es que nuestro cocinero _____ cocinar sin carne —es

_____ para la salud— pero si Uds. desean carne tenemos res,

_____, _____ y varias clases de _____.

JOHN: Yo _____ prefiero sin carne de todos modos.

PILAR: Yo quiero dos _____. Uno de quesito con almendras *(almonds)* y el

otro de _____ con crema de _____.

MOZO: _____

ESPOSA: Para mí la _____ rellena, por favor.

MOZO: Muy bien. Y el caballero, ¿va a _____ el arroz?

JOHN: Sí, para mí el arroz. Y aquí tengo la lista... _____,

_____, _____, _____,

_____...

• • •

JOHN: Quiero _____ mucho. Me _____ el arroz y

_____ gustó mucho el restaurante.

ESPOSA: Sí, sí. Me _____ un sitio muy agradable.

_____ aquí en diciembre para celebrar el cumpleaños de Pilar.

Ella _____ el arroz tropical también, con quince ingredientes, y no

pudo _____, ¿verdad que sí, Pilar?

PILAR: Mami, por favor. No _____ a Juan escuchar esas cosas.

B **Comprensión.** *You will hear a series of incomplete statements based on the dialogue. When you hear the beep, indicate the word or phrase that correctly completes each statement.*

MODELO   You hear: La comida *(food)* que sirven en el restaurante es muy...
           You indicate: *sana*

1. A. Pilar   B. El mozo   C. La madre de Pilar

2. A. arroz   B. pastel   C. piña

3. A. frutas   B. verduras   C. carne

4. A. escoger   B. probar   C. cocinar

5. A. La madre de Pilar   B. El padre de Pilar   C. Pilar

6. A. el queso   B. el ajo   C. la cebolla

7. A. La madre de Pilar   B. Pilar   C. La tía de Pilar

8. A. sopas   B. cebollas   C. aceitunas

9. A. el resturante   B. el mozo   C. el cocinero

Vocabulario

C **Una cena.** *Alicia and Teo are discussing the menu for their dinner party. Listen carefully for the menu items and write them in the appropriate column. The dialogue will be read twice.*

Aperitivo	Platos principales	Postres (Desserts)	Bebidas
1. aceitunas	1.	1.	1.
2.	2.	2.	2.
3.	3.		3.
	4.		4.

D **En el restaurante.** *You will hear lines from a conversation between a waiter and two customers in a restaurant. Listen carefully and indicate which of the people said what you heard. Each line will be read twice.*

MODELO   You hear: ¿Algo más?
              You indicate: *Mozo*

	Mozo	Clientes
1.		
2.		
3.		
4.		
5.		
6.		
7.		
8		

Forma y función

Gustar and similar verbs

E **Gustos y disgustos.** *Tell what the following people like and don't like. Follow the model and repeat the correct response after the speaker.*

MODELO You hear: ¿A ti te gusta la carne?
You see: a Juan
You say: *A mí, no, pero a Juan le gusta mucho.*

1. a ellos
2. a mí
3. a los niños
4. a la señora
5. a Pablo
6. a nosotros
7. a ella

F **Más gustos y disgustos.** *Carolina is learning a lot about the wants, needs, likes, and dislikes of her friends. Answer the questions using the cues provided. Follow the model and repeat the correct response after the speaker.*

MODELO You hear: ¿Qué le molesta a Ramona?
You see: la música rock
You say: *A Ramona le molesta la música rock.*

1. el chocolate
2. la propina
3. recibir buenas notas
4. el tenedor
5. el pollo
6. las chicas bonitas
7. las servilletas

The use of *por* and *para*

G **Un día muy tranquilo.** *Sara is going to spend a peaceful day with her grandmother. When you hear the beep, indicate **por** or **para** to correctly complete the sentences you will hear. Each sentence will be read twice. Repeat the correct response after the speaker.*

MODELO You hear: Mi abuela y yo hablamos mucho... teléfono.
You underline: *por/para*

1. por/para
2. por/para
3. por/para
4. por/para
5. por/para
6. por/para
7. por/para
8. por/para
9. por/para

H **Un día frenético.** *Silvia is ranting and raving to her husband about the hectic day she is going to have. After you listen to the passage you will hear a series of incomplete statements. Circle the letter that corresponds to the correct conclusion to the statement. The passage will be read twice.*

1. A   B   C

2. A   B   C

3. A   B   C

4. A   B   C

5. A   B   C

The preterite of more irregular verbs

I **Una fiesta.** *Andrés is describing a party. Listen to the sentences. Form new ones using the cues you hear. Follow the model and repeat the correct response after the speaker.*

> **MODELO** You hear: Anduve a la fiesta.
> You hear: nosotros
> You say: *Anduvimos a la fiesta.*

J **Problemas en la oficina.** *As manager, Ramón has to deal with problems in the department on a regular basis. Change the sentences that you hear from the present tense to the preterite. Follow the model and repeat the correct response after the speaker.*

> **MODELO** You hear: Ramón sabe del problema.
> You say: *Ramón supo del problema.*

The preterite of stem-changing verbs

K **Estos verbos no cambian.** *Remember, -ar and -er present tense stem-changing verbs have no stem change in the preterite. Mom is back from a trip and she has a lot of questions about what happened in her absence. Answer the questions according to the model. Repeat the correct response after the speaker.*

> **MODELO** You hear: ¿Quién perdió los platos?
> You hear: los trabajadores
> You say: *Los trabajadores perdieron los platos.*

L **Estos verbos sí cambian.** *Practice the -ir verbs that do have a stem change in the preterite. Answer the questions using the cues provided. Repeat the correct response after the speaker.*

> **MODELO** You hear: Juanito, ¿seguiste las instrucciones?
> You see: Pablo
> You say: *No, no seguí las instrucciones.*
> *Pablo siguió las instrucciones.*

1. Paco

2. Los abuelos

3. Antonio

4. Los niños

5. El tío

6. Marta y Juanita

Nota cultural

¿A qué hora comen en España?

M *Steve is a North American who is in Spain on business. You will hear a brief passage about Steve's introduction to mealtimes in Spain. The second time you hear the passage, repeat after each pause, imitating the speaker's pronunciation and intonation.*

Vocabulario útil

postre = *dessert*   **costumbres** = *customs*   **plato** = *(meal) course*
hasta = *until*   **aperitivo** = *appetizer*   **primer** = *first*

N *You will hear a series of statements about the passage. Indicate whether they are* **Cierto, Falso,** *or* **No se sabe.** *If the statement is false, correct it on the line provided. Each statement will be read twice.*

	Cierto	Falso	No se sabe	
1.	_____	_____	_____	_____
2.	_____	_____	_____	_____
3.	_____	_____	_____	_____
4.	_____	_____	_____	_____
5.	_____	_____	_____	_____
6.	_____	_____	_____	_____

Lección

8 ¡Qué comida más fresca!

Pronunciación

The **m** in Spanish is pronounced like the **m** in the English word *mother*, as in the following examples.

comer	mamá	cambio	calmar	Carmen

The **n** in Spanish, when it occurs at the end of a breath group, at the beginning of a syllable, or before any consonant except those which we will mention shortly, is pronounced like the **n** in the English word *never*. Listen.

nada	entre	sonido	pan	Enrique	enlatado

However, when the **n** precedes **b, v, m,** or **p** it is pronounced like an **m,** as in the following examples.

un beso	envidia	inmundo	un poco	inmediato

And, when the **n** precedes **c, qu, g,** or **j,** it is pronounced like the **n** in the English word *sing*, as in the following examples.

encaje	yunque	con gusto	injusto

Practiquemos

You will hear a series of words that contain the **m** in Spanish. Repeat each word after the speaker.

mesa	hermoso	rumbo	comité
impuestos	madre	familia	madona

You will now hear a series of words that contain the **n** in Spanish. Repeat each word after the speaker.

nevar	corren	interesar	atender
carne	flan	consejera	gimnasio

You will hear a series of words or phrases that contain the **n** before **b, v, m,** or **p.** Repeat each word or phrase after the speaker.

un bastón	envolver	un mapa	con Pablo
en busca de	sin mover	un poeta	inmenso

You will hear a series of words or phrases that contain the **n** before **c, qu, g,** or **j.** Repeat each word or phrase after the speaker.

un crío	sin guantes	pan con queso	un juego
incrédulo	tengo	arranque	monje

© 2004 Heinle

You will hear a series of words that contain **m** and all three pronunciations of **n.** Indicate on the chart provided which sound you hear, based only on the sound, not your knowledge of the words. When it is ambiguous, check **?.** Each word will be spoken twice. You will hear the answers on the recording.

	m	n	n → ng	?
1.	x			
2.				
3.				
4.				
5.				
6.				
7.				
8.				
9.				
10.				
11.				
12.				
13.				

MODELO cama

Diálogo

 The dialogue will first be read without pauses. As you listen, fill in the missing words. The dialogue will be read again with pauses so that you can fill in the words you didn't catch the first time, practice your pronunciation, and check your work.

Comprando comida

Frutas y verduras

MUJER: _____ ¿Qué más llevamos?

HOMBRE: Naranjas y plátanos. _____

MUJER: _____

_____

HOMBRE: Bien, señora, dénos diez naranjas y dos kilos de uvas, por favor.

DEPENDIENTE: Cómo no. ¿Desean verduras también?

MUJER: Sí. Una lechuga, dos pepinos, un kilo de tomates, medio kilo de

_____ y dos kilos de _____. ¿Alguna otra cosa?

© 2004 Heinle

HOMBRE: _____, ¿no? Por favor, lo

pone todo junto. Regresamos a recogerlo en quince minutos.

DEPENDIENTE: Sí, señor. Aquí estará todo listo.

En la panadería

DEPENDIENTE: Buenas, buenas. Ya tengo aquí todo lo que me

_____. Tres litros de leche, medio kilo de mante-

quilla, medio kilo de _____ del país y dos panes de

molde *(loaves of sliced bread)*.

MUJER: _____

DEPENDIENTE: _____

MUJER: Dos docenas.

DEPENDIENTE: Aquí tiene. Bueno... Con los huevos son 10.500 pesos.

HOMBRE: Aquí tiene y gracias.

DEPENDIENTE: _____

MUJER: Así es. Hay que comer, ¿no?

• • •

DEPENDIENTE: Sí, claro, hay que comer. Pero hoy día todos comen comida rápida.

Cuando yo _____ pequeña, mi mamá nos

_____ una comida grande

_____, y _____ una hora a la mesa

comiendo y charlando.

MUJER: Sí, Ud._____. Ayer _____ sólo

una naranja y unas galletas porque _____ estar en

Monterrey a las tres para una reunión.

HOMBRE: Y yo tampoco almorcé. _____ un refresco a las tres,

pero nada más.

B **Comprensión.** *You will hear a series of statements about the dialogue. Indicate whether they are* **Cierto, Falso,** *or* **No se sabe.** *If the statement is false, correct it on the line provided. Each statement will be read twice.*

You hear: El mercado está en un edificio grande.
You indicate: *No se sabe.*

	Cierto	Falso	No se sabe	
1.	_____	_____	_____	_____
2.	_____	_____	_____	_____
3.	_____	_____	_____	_____
4.	_____	_____	_____	_____
5.	_____	_____	_____	_____
6.	_____	_____	_____	_____
7.	_____	_____	_____	_____

Vocabulario

C **¿Botella o bolsa?** *You will hear a series of food products. Indicate whether they are usually bottled or bagged. Write the word in the appropriate column.*

	botella	bolsa		botella	bolsa
1.	_____	_____	7.	_____	_____
2.	_____	_____	8.	_____	_____
3.	_____	_____	9.	_____	_____
4.	_____	_____	10.	_____	_____
5.	_____	_____	11.	_____	_____
6.	_____	_____	12.	_____	_____

D **¿Dónde se encuentra?** *You will hear another series of food products. Indicate where you go to purchase them. Write the word(s) in the appropriate column.*

pastelería	frutería	carnicería
galletas de fresa	_____	_____
_____	_____	_____
_____	_____	_____
_____	_____	_____
_____	_____	_____

E **Laurel y Hardy.** *Laurel can eat as much rich food as he likes, but Hardy is always on a diet. You will hear a list of foods that they are eyeing at a buffet dinner. Write the food that you hear under the name of the person who is likely to eat it.*

Laurel	Hardy
1.	1.
2.	2.
3.	3.
4.	4.
5.	5.
6.	6.

Forma y función

The imperfect tense

F **Cuando era niño.** *Jorge's questions cause José to reflect upon his childhood. Using the imperfect tense, answer the questions according to the model. Repeat the correct response after the speaker.*

MODELO You hear: ¿Escribes poesías?
You say: *No, pero cuando era niño escribía poesías.*

The use of the preterite and the imperfect

G **Cuando sonó** *(rang)* **el teléfono...** *You will hear a series of questions about what people were doing when the phone rang. Answer the questions based on the drawing below. Follow the model. Repeat the correct response after the speaker.*

MODELO You hear: ¿Qué hacía el perro cuando sonó el teléfono?
You say: *El perro comía cuando sonó el teléfono.*

H **El accidente.** *You will hear an incomplete narration about an accident that Sra. García saw from her kitchen window. Follow along carefully and when you hear the beep, choose the correct form of the verb. You will hear the exercise twice, and then you will hear the complete narration.*

MODELO   You hear: Los pájaros... en los árboles.
         You underline: *cantaron/cantaban*

1. Eran/Fueron
2. fue/era
3. Hizo/Hacía
4. jugaban/jugaron
5. tomó/tomaba
6. leía/leyó
7. lavé/lavaba
8. miraba/miré

9. vi/veía
10. Llamé/Llamaba
11. venía/vino
12. llamó/llamaba
13. pasaba/pasó
14. llegó/llegaba
15. llevó/llevaba

I **¿Lógico o ilógico?** *You will hear a series of exchanges which focus on the distinction between the preterite and the imperfect. Indicate on the chart whether the second item of the exchange is* **lógico** *or* **ilógico.**

MODELO   You hear: ¿Supiste tú que Juan tuvo un accidente?
         You hear: Sí, Carolina me lo dijo.
         You check: *lógico*

	lógico	ilógico
1.		
2.		
3.		
4.		
5.		
6.		
7.		
8.		

Se to express an indefinite subject

J **Contrastes.** *Follow the model and use the cues provided to depersonalize the following sentences. Repeat the correct response after the speaker.*

MODELO   You hear: Aquí compramos verduras en el supermercado.
             You see: Guatemala/mercado al aire libre
             You say: *En Guatemala se compran verduras en el mercado al aire libre.*

1. México/cerveza

2. Cuba/vinagre

3. Chile/tomate

4. Honduras/plátanos

5. España/aceite de oliva

Nota cultural

La tortilla mexicana y la tortilla española

K *You will hear a brief description of two very popular foods, the tortilla from Mexico and the tortilla from Spain. The second time you hear the description, repeat after each pause, imitating the speaker's pronunciation and intonation.*

Vocabulario útil

básico = *basic*   **solo** = *alone*   **pimientos** = *peppers*
harina = *flour*   **champiñones** = *mushrooms*

L *You will hear a series of incomplete statements about the passage. Circle the letter that corresponds to the conclusion of the statement. Everything will be read twice. You will hear the answers on the recording.*

1. A   B   C

2. A   B   C

3. A   B   C

4. A   B   C

© 2004 Heinle

Lección

9 ¡Toma y pruébatelo!

Pronunciación

The l in Spanish is pronounced by placing the tip of the tongue on the ridge high over the back of the front teeth. It is slightly clearer and lighter than the l in the English word *list*, and much clearer and lighter than the l in the English word *frightful*. Listen to the following examples.

ala	boliche	luto	elefante	el borde	el alma

Practiquemos

You will hear a series of words that contain the l in Spanish. Repeat each word after the speaker.

listo	lámpara	calor	bolígrafo	alto
azul	alma	colchón	leche	lobo

You will hear a short paragraph that contains the Spanish l. During the pauses, repeat each phrase or sentence after the speaker, imitating the pronunciation and intonation as closely as possible. The paragraph will be read twice, the second time with fewer pauses.

La linda Lulú de Santa Lucía vive sola en la isla. Con playas blancas y cielos azules se pasa la vida al sol. Los colores claros le placen mucho y los altos árboles le dan sombra. Y bajo la lujosa luz de la luna no lamenta su lancha perdida.

Diálogo

 The dialogue will first be read without pauses. As you listen, fill in the missing words and lines. The dialogue will be read again with pauses so that you can fill in the words you didn't catch the first time, practice your pronunciation, and check your work.

Comprando ropa

Ropa de mujer

DEPENDIENTE: ¿En qué puedo servirles?

MUJER 1: _____

DEPENDIENTE: ¿Prefiere algún color en especial?

MUJER 1: _____

DEPENDIENTE: Tenemos varios modelos y todos son muy bonitos. En seguida *(Right away)* se los muestro. Pruébese éste primero.

MUJER 1: _____

MUJER 2: _____

MUJER 1: No sé. Mientras *(While)* me decido, ¿por qué no pides tú lo que quieres?

MUJER 2: Bien. Señorita, yo quisiera una blusa, una falda, medias y un cinturón.

DEPENDIENTE: _____

Ropa de hombre

DEPENDIENTE: _____

HOMBRE: Sí, una más grande, porque ésta no es de mi talla.

DEPENDIENTE: _____

HOMBRE: No sé. Es un poco incómoda. Me queda demasiado apretada aquí en los hombros. Además el color es demasiado llamativo.

DEPENDIENTE: _____

HOMBRE: No, tampoco. Mire, voy a ver otras tiendas y si no encuentro nada, regreso.

DEPENDIENTE: Cómo no. Aquí lo esperamos.

En otra tienda de ropa

DEPENDIENTE: ¿Busca Ud. algo en especial?

HOMBRE: _____

DEPENDIENTE: Pues, tenemos una selección muy grande. _____

algunos de los últimos modelos.

El dependiente va y vuelve con tres chaquetas.

DEPENDIENTE: Pues, tenemos ésta de lana. Luego una de cuero marrón y otra gris, de algodón.

HOMBRE: Ah, me gusta mucho esta última. _____ *(Se la prueba.)* No, no me gusta. Me queda muy grande.

DEPENDIENTE: Pues, _____

HOMBRE: Sí, sí. Mucho mejor. Me la compro.

B **Comprensión.** *You will hear a series of incomplete sentences based on the dialogue. Indicate the word from the list that completes each sentence.*

MODELO You hear: Al hombre no le gustan las chaquetas. Va a otras...
You write: *tiendas*

medias   de todo

chaquetas   el color

se prueba   talla

azul   queda

apretada   suéter

1. _____   6. _____

2. _____   7. _____

3. _____   8. _____

4. _____   9. _____

5. _____   10. _____

Vocabulario

C **Asociaciones de palabras.** *You will hear a series of words. Underline the verb that logically corresponds to the word that you hear.*

MODELO You hear: tienda
You underline: *probarse/parecerse*

1. afeitarse/despertarse

2. quedarse/levantarse

3. llamarse/bañarse

4. quitarse/dormirse

5. acostarse/ponerse

6. vestirse/sentarse

D **¿Qué se pone primero?** *(What do you put on first?)* Tell what item of clothing you logically put on first. Answer the questions according to the model. Repeat the correct response after the speaker.

MODELO   You hear: ¿Qué se pone primero, los pantalones o el cinturón?
You say: *Me pongo los pantalones.*

E **Prendas de vestir** *(Articles of clothing).* You will hear a series of questions about what the people in the six illustrations are wearing. First, write the item that you hear in the question in the appropriate box. Then answer the questions by writing **X** in the appropriate box on page 257.

MODELO   You hear: ¿Quiénes usan abrigos?
You write: *abrigos*
You check: *Carlos y Mabel*

Carlos

Iván

Mabel

Juana

Jorge

Sonia

© 2004 Heinle

prenda de ropa	Carlos	Juana	Mabel	Iván	Jorge	Sonia
MODELO abrigos	x		x			
1.						
2.						
3.						
4.						
5.						
6.						
7.						
8.						

Forma y función

Reflexive verbs

F **Háblame de tus hábitos.** *Talk about your daily habits. Answer the questions, using the cues you hear. Repeat the correct response after the speaker.*

MODELO   You hear: ¿Te pones una chaqueta o un abrigo? (un abrigo)
You say: *Me pongo un abrigo.*

G **¿Qué hacen?** *What are these people doing? Answer the questions according to the drawings. Repeat the correct response after the speaker.*

MODELO   You hear: ¿Se viste o se baña él?
You say: *Se viste.*

1.

2.

3.

4.

5.

6.

H **Ud. escoge.** *Choose the verbs from the list below to complete the sentences that you will hear. Repeat the correct response after the speaker.*

MODELO   You hear: Luis y Juliana van a... en junio.
            You choose: *casarse. Luis y Juliana van a casarse en junio*

bañarte	probarme	me voy	te levantas	me duermo
nos acostamos	quedarme	divertirnos	se quitan	se parece

Commands with *Ud.*

I **Comprando en un almacén español.** *Shopping in a large department store in Madrid is more overwhelming than you expected, but there is always someone to help you. You will hear a series of verbs in the infinitive. Write the formal singular command* **(Ud.)** *in the chart provided. Repeat the correct response after the speaker.*

MODELO   You see: _____el metro al centro de Madrid.
            You hear: tomar
            You write: *Tome*

1. _____ al almacén El Corte Inglés.

2. _____ por la puerta principal.

3. _____ al segundo piso.

4. _____ un dependiente.

5. _____ con él.

6. _____ dónde están los trajes de hombre.

7. _____ uno de lana.

8. _____ la cuenta *(bill).*

9. _____ el recibo *(receipt).*

10. _____ en la cafetería del almacén.

Commands with *tú*

J **¿Cuándo?** *You have to tell Pedro everything. Answer his questions with the affirmative familiar command* **(tú).** *Repeat the correct response after the speaker.*

MODELO   You hear: ¿Cuándo como?
            You say: *Come ahora.*

K **¿Ahora?** *Now do the same for Pedro in the negative. Repeat the correct response after the speaker.*

MODELO   You hear: ¿Hablo ahora?
            You say: *No, no hables ahora.*

Commands with pronouns

L **Más consejos (More advice).** *Practice commands with reflexive verbs by advising Francisca. Answer her questions, using the cues provided. Repeat the correct response after the speaker.*

MODELO You hear: ¿Me levanto a las ocho?
              You see: (a las seis)
              You say: *No, levántate a las seis.*

1. segundo

2. el cuarto

3. pantalones

4. sillón

5. más tarde

M **Indecisos (Indecisive).** *This husband and wife are both very indecisive. She can't decide what to do, and he changes his mind. Answer the questions according to the model. Repeat the correct response after the speaker.*

MODELO You hear: Los bombones. ¿Los como o no?
              You say: *Sí, cómelos. No, no los comas.*

N **Dos pronombres.** *Answer the questions, using affirmative* **tú** *commands and substituting a pronoun for the direct object noun. Combine the two pronouns, as in the model. Repeat the correct response after the speaker.*

MODELO You hear: ¿Le compro el vestido a Lola?
              You say: *Sí, cómpraselo.*

Nota cultural

El huipil de Guatemala y México

🔘 *You will hear a brief description of the* **huipil,** *a unique article of clothing worn by indigenous women in Guatemala and southern Mexico. The second time you hear the description, repeat after each pause, imitating the speaker's pronunciation and intonation.*

Vocabulario útil

sur = *south*   **diseños** = *designs*   **regional** = *regional*

🅿 *You will hear a series of statements about the passage. Indicate whether they are* **Cierto, Falso,** *or* **No se sabe.** *If the statement is false, correct it on the line provided. Each statement will be read twice.*

	Cierto	Falso	No se sabe	
1.	_____	_____	_____	_____
2.	_____	_____	_____	_____
3.	_____	_____	_____	_____
4.	_____	_____	_____	_____
5.	_____	_____	_____	_____
6.	_____	_____	_____	_____
7.	_____	_____	_____	_____

© 2004 Heinle

Lección

10 En la agencia de viajes

Pronunciación

Triphthongs. In Spanish the **vosotros** form of some verbs and a few other words contain triphthongs, which is a strong vowel with a weak vowel on both sides within the same syllable, as in the following examples.

| buey | cambiáis | apreciéis | Paraguay | continuéis |

Practiquemos

You will hear a series of words containing triphthongs. Repeat each word after the speaker.

| miau | Magüey | ideáis | vacabuey | vaciáis |
| Uruguay | limpiáis | Camagüey | averiguáis | graduáis |

Diálogo

 The dialogue will first be read without pauses. As you listen, fill in the missing words. The dialogue will be read again with pauses so that you can fill in the words you didn't catch the first time, practice your pronunciation, and check your work.

Un viaje en avión

¿Adónde vamos?

MUJER: _____ queremos son unas _____ baratas por dos

semanas. Más tiempo no tenemos… por desgracia (*unfortunately*).

AGENTE: Bueno, este verano los _____ a España están muy baratos.

Podrían (*You could*) ir a Andalucía.

HOMBRE: Andalucía, ¿eh? Ummm, eso suena (*sounds*) interesante.

¿_____?

MUJER: ¡Sería fantástico! ¡Imagínate: Sevilla, _____, Córdoba! Pero

todo depende del precio, ¿no?

AGENTE: ¡Un verdadero _____, señora! _____ este

_____ pueden visitar_____ tres ciudades y

también Málaga.

HOMBRE: _____

AGENTE: Además del _____, el _____ y dos comidas al día.

Una ganga, ¿no?

HOMBRE: La verdad, sí. ¡Háganos los _____!

AGENTE: _____

MUJER: En dos semanas. ¿ _____,

regresando el 30 más o menos?

AGENTE: Déjeme ver *(Let me see)*. Sí, _____. Mañana mismo

_____ los boletos y toda la información sobre su viaje.

HOMBRE Y MUJER: Buenas tardes. Gracias.

AGENTE: Hasta luego.

Antes de abordar el avión

SEÑORITA: _____

HOMBRE: Aquí _____. Dígame, ¿_____?

SEÑORITA: Sí, señor. El avión saldrá *(will leave)* a las diez _____.

¿_____?

MUJER: Una _____ cada uno, nada más.

SEÑORITA: _____ su nombre y dirección en estas tarjetas y _____

en sus maletas. Por favor, también en su equipaje de mano.

HOMBRE: Los asientos los queremos para la _____.

SEÑORITA: Cómo no. ¿ _____?

MUJER: Ventana, pero no muy atrás.

SEÑORITA:	Aquí tienen todo. _____ a la puerta 27 y _____ lista su tarjeta de embarque *(boarding pass)*. ¡_____!
HOMBRE Y MUJER:	Gracias. Adiós.

• • •

HOMBRE:	Por fin, dos semanas de descanso. Pero, ¿_____?
MUJER:	_____ directamente al hotel. Estoy muy cansada. Pero no _____ un taxi libre.
HOMBRE:	_____, cerca de la entrada central del aeropuerto. _____ aquí y que _____ pacientes.
MUJER:	Mira. Aquí vienen dos taxis. _____ llevarnos al hotel. Necesito acostarme un poco antes de ver los sitios de interés.

B **Comprensión.** *You will hear a series of incomplete statements based on the dialogue. When you hear the beep, indicate the word that completes each statement.*

MODELO   You hear: Al comienzo del diálogo los señores están...
              You indicate: *en la agencia de viajes.*

1. A. caras
   B. baratas
   C. gratuitas

2. A. un mes
   B. dos semanas
   C. tres semanas

3. A. Andalucía
   B. Castilla
   C. Cataluña

4. A. comidas
   B. carro
   C. excursiones

5. A. atrasado
   B. ocupado
   C. a tiempo

6. A. la tarjeta de turismo
   B. el pasaporte
   C. el folleto turístico

7. A. salidas
   B. maletas
   C. entradas

8. A. la agente
   B. la azafata
   C. la ventana

Vocabulario

C **Expresiones turísticas.** *You will hear a series of verbs. Write the verb next to the appropriate word(s) to form a logical travel expression.*

> **MODELO** You hear: hacer
> You write: *hacer* cola

1. _____ fotos

2. _____ el avión

3. _____ el cinturón de seguridad

4. _____ un asiento

5. _____ de vacaciones

6. _____ las maletas

7. _____ el vuelo

8. _____ la tarjeta postal

D **¿Dónde se hace...?** *You will hear a series of travel-related activities. Indicate where or when each takes place by writing it in the appropriate column.*

antes de salir	en el aeropuerto	en el asiento del avión
MODELO planear el viaje	_____	_____
_____	_____	_____
_____	_____	_____
_____	_____	_____
_____	_____	_____

E **Con destino a Guadalajara.** *You will hear a short paragraph describing Jane's preparations for her trip to Guadalajara, México. Listen carefully the first time. The second time, number the following items in the order that Jane did them.*

_____ Compró maletas.

_____ Esperó mucho tiempo para hablar con la agente.

_____ Compró un pasaje de ida y vuelta.

_____ Consiguió el pasaporte.

_____ Fue a un centro comercial *(shopping plaza)*.

_____ Reservó un asiento.

_____ Recibió un folleto turístico.

_____ Abordó el avión.

_____ Hizo las maletas.

_____ Se despidió de la agente.

After checking your answers, you will hear the paragraph again.

Forma y función

The present subjunctive: form and meaning

F **¿Subjuntivo o no?** *You will hear a series of sentences. Indicate whether there is a verb in the sentence that is in the subjunctive mood.*

MODELO You hear: Espero que tú no mires ese programa.
You indicate: *Subjunctive*

1. Subjunctive   No
2. Subjunctive   No
3. Subjunctive   No
4. Subjunctive   No
5. Subjunctive   No
6. Subjunctive   No
7. Subjunctive   No
8. Subjunctive   No

G **La forma yo.** *You will hear a series of infinitives. Give the first-person singular form* **(yo)** *of the present subjunctive of each infinitive. Repeat the correct response after the speaker.*

MODELO You hear: buscar
You say: **busque**

The present subjunctive with impersonal expressions

H **La expresión impersonal.** *In this exercise you will be practicing only the use of impersonal expressions. You will hear a series of impersonal expressions. Combine the appropriate expression with the sentence fragments that you see. Repeat the correct response after the speaker.*

MODELO You see: … abrocharse el cinturón de seguridad en el avión.
You hear: Es necesario
You say: *Es necesario abrocharse el cinturón de seguridad en el avión.*

1. … fumar.

2. … conseguir el pasaporte para ir a España.

3. … sacar fotos y después perder la cámara.

4. … ir a España en mayo porque hay muchos turistas en julio.

5. … confirmar el vuelo antes de ir al aeropuerto.

6. … gastar todo el dinero en un solo lugar.

I El turista profesional. *Some people really look like tourists when they travel. Certain impersonal expressions do not require the use of the subjunctive in the dependent clause. Change the sentence according to the cue. Repeat the correct response after the speaker.*

> **MODELO**   You see: Ellos gastan dinero.
> You hear: No hay duda
> You say: *No hay duda de que ellos gastan dinero.*

1. Están de vacaciones.

2. Van a sacar muchas fotos.

3. Viajan mucho.

4. No son de aquí.

5. Escriben muchas tarjetas postales.

6. Compran muchos recuerdos *(souvenirs).*

J Nuestra familia va a México. *Cathy talks about her family's preparations for their trip. Form new sentences according to the cues. Repeat the correct response after the speaker.*

> **MODELO**   You hear: Vamos a México. (Es bueno)
> You say: *Es bueno que vayamos a México.*

Relative pronouns

K ¿Quiénes son? *Practice the relative pronoun **que** by connecting two short sentences. Make any necessary changes. You will hear each pair of sentences twice. Repeat the correct response after the speaker.*

> **MODELO**   You hear: Pepe y Paco son inspectores. Trabajan en la aduana.
> You say: *Pepe y Paco son los inspectores que trabajan en la aduana.*

L El viaje a México. *Cathy now reflects on her family's trip to Mexico. You will hear a series of sentence fragments. Combine them with the appropriate fragments that you see below to form logical statements. Repeat the correct response after the speaker.*

> **MODELO**   You see: … a quienes yo les presté el mapa.
> You hear: Ellos son los turistas …
> You say: *Ellos son los turistas a quienes les presté el mapa.*

1. … que hizo la reserva.

2. … que sirvió el desayuno.

3. … con quienes practiqué el español.

4. … con quien fui a México.

5. … que revisó las maletas.

Lo que. *Practice the expression* **lo que** *by matching the fragments that you hear with the ones below. Repeat the correct response after the speaker.*

MODELO   You see: Lo que papá necesita …
             You hear: … son unas vacaciones
             You say: *Lo que papá necesita son unas vacaciones.*

1. Lo que el turista busca…

2. Lo que tú dices…

3. Lo que me molesta…

4. Lo que el agente hace…

5. Lo que prefiero…

Nota cultural

El problema del tráfico en Ciudad de México

You will hear a narration that focuses on two aspects of daily life in Mexico City: going to the airport and the traffic problem in the city. The second time you hear the narration, repeat after each pause, imitating the speaker's pronunciation and intonation.

Vocabulario útil

es la costumbre = *It's customary*   **serio** = *serious*
los mismos = *the same*   **gobierno** = *government*
contaminación = *contamination, pollution*

You will hear a series of incomplete statements about the passage. Indicate the letter that corresponds to the correct conclusion of each statement. Everything will be read twice.

1. A   B   C

2. A   B   C

3. A   B   C

4. A   B   C

5. A   B   C

Lección

11 En la gasolinera

Pronunciación

More practice with linking. You will recall that linking is the connection of words *within a breath group*. Linking gives the impression that the words that make up the breath group unite to form one long word. Linking occurs in the following instances.

When a word ending in a consonant is followed by a word that begins with a vowel, as in the following examples:

el alma   **los ojos**   **ir así**   **faltan ocho**   **la verdad es que sí**

When a word ending in a vowel is followed by a word that begins with the same vowel, as in the following examples:

¿Come Eduardo?   **una alumna**   **otro ojo**   **mi interés**

When a word ending in a vowel is followed by a word that begins with any other vowel, as in the following examples:

¿Cómo está usted?   **mi ejemplo es malo** **¿Gana ella?**

When a word ending in a consonant is followed by a word that begins with the same consonant, it is pronounced as one consonant, as in the following examples:

el libro   **es sábado**   **pasar rápido**   **con nueces**

Practiquemos

You will now hear a series of sentences which has also been provided below. Notice how the breath groups function as a unit. Linking only takes place within the breath group. Each sentence will be spoken twice.

1. ¿Estaba Ana en la fiesta?
2. ¿Aprende usted mucho en esta clase?
3. Amelia es más alta que Inés.
4. ¿Cuántos son ocho y nueve?
5. El premio Oti, entre todos, es uno de los más bellos.
6. ¿Tiene Elena una casa amena?
7. ¡Bravo! ——dijo el hombre. —— ¡Adelante!
8. Mis abuelos hablan italiano en la casa.

Diálogo

A *The dialogue will first be read without pauses. As you listen, fill in the missing words. The dialogue will be read again with pauses so that you can fill in the words you didn't catch the first time, practice your pronunciation, and check your work.*

Se nos fue el tren

HOMBRE: Dios mío, ¿y el tren? ¿ _____?

MUJER: No _____. A lo mejor éste no es el andén *(platform)*.

HOMBRE: ¡_____ con nuestro equipaje!

¿_____?

MUJER: Vamos a información. Tal vez haya otro tren en un par *(pair)* de horas.

HOMBRE: Sí, ¡_____!

Encuentran a un empleado.

HOMBRE: ¡Señor, por favor, _____! Hemos perdido *(We have missed)* el tren y...

EMPLEADO: Cálmese, señor. _____¿cuál es su problema?

MUJER: Pues nos bajamos un rato a tomarnos_____y a estirar *(stretch)* las

piernas, y cuando regresamos _____.

HOMBRE: Por favor, fíjese *(check to see)* si hay otro tren para Monterrey hoy mismo.

EMPLEADO: Déjeme ver, un momento... _____, pero hoy _____

_____ para Monterrey.

MUJER: ¡_____! ¡Señor, por favor, _____! No podemos pasar

la noche aquí.

EMPLEADO: Pues, _____. Ummmm, a menos que *(unless)*...

HOMBRE: ¿A menos que qué? _____. Estamos dispuestos *(willing)* a hacer

cualquier *(any)* cosa con tal de *(so that)* llegar a Monterrey hoy mismo.

EMPLEADO: Bueno, pero _____.

MUJER: No importa.

EMPLEADO: _____, hay un tren que_____León dentro de

(within) una hora, a las once en punto._____ para

Torreón y de allí _____ en camión *(bus)*.

© 2004 Heinle

HOMBRE:	¿Es rápida la conexión en León?
EMPLEADO:	Hay una espera de _____.
MUJER:	¿Y ahí _____ un camión para Monterrey?
	Dios, ¡ _____ !
EMPLEADO:	Es la única solución si _____.
MUJER:	Bueno, ni modo, ¿no?
HOMBRE:	Sí, _____. ¿Dónde podemos conseguir los boletos?
EMPLEADO:	Ahí, en cualquier *(any)* ventanilla.
MUJER:	_____
HOMBRE:	Sí, ha sido *(you have been)* muy amable.
EMPLEADO:	De nada, señores. ¡Buena suerte y _____!

• • •

Después de subir al tren

MUJER: Me alegro de que_____ir a Monterrey hoy, pero espero que este

tren_____a tiempo.

HOMBRE: Sí. Creo que todo_____bien ahora. Pero recomiendo que

_____ en el tren en la próxima estación. No quiero que

_____ este tren. Y además, dudo que_____

otra solución al problema de llegar a Monterrey hoy.

MUJER: Sí, siento que_____que ir a nuestro destino de una forma tan

complicada, pero de esta manera podemos conocer León.

HOMBRE: ¡Ay, mujer!

B **Comprensión.** *You will hear a series of incomplete statements based on the dialogue. Indicate the word or words that complete each statement. You will hear each statement twice.*

MODELO You hear: A los señores se les fue el tren con su...
You indicate: *equipaje.*

1. A. centro B. andén *(platform)* C. metro
2. A. León B. Torreón C. Monterrey
3. A. amable B. antipático C. interesante

4.	A. sed	B. sueño	C. hambre
5.	A. fueron al baño	B. comieron algo	C. tomaron un refresco
6.	A. fácil	B. complicada	C. ridícula
7.	A. taxi	B. coche	C. autobús
8.	A. tren	B. metro	C. autobús

Vocabulario

C **Identificaciones.** *You will hear a series of sentences. Write the number of the sentence next to the word that logically corresponds to that sentence.*

_____ maletero *(trunk)*

_____ frenos

_____ batería

_____ taller

_____ gasolinera

_____ policía

_____ capó *(hood)*

_____ llanta

D **¿Cómo voy?** *You will hear a series of situations in which transportation is needed. Select the necessary transportation for each situation by checking the appropriate box on the chart. You will hear each description twice.*

MODELO You hear: Voy a España con mi esposo pero él tiene miedo de los aviones.
You indicate: *barco*

	1.	2.	3.	4.	5.	6.
avión						
barco						
metro						
camión *(truck)*						
bicicleta						
coche						

Forma y función

The present subjunctive in noun clauses to express emotion, desire, doubt, and influence

E **Mamá quiere...** *Tell your little brother what Mom wants him to do. Repeat the correct response after the speaker.*

MODELO You hear: No voy a comer.
You say: *Mamá quiere que comas.*

F **Lo siento.** *Be a good listener and sympathize with your friends' problems. Follow the model. Repeat the correct response after the speaker.*

MODELO You hear: No comprendo la gramática.
You say: *Siento que no comprendas la gramática.*

G **Pesimista.** *Your brother has a very negative perspective about picking up Cristina at the train station. Form new sentences using the cues provided. Follow the model. Repeat the correct response after the speaker.*

MODELO You hear: Cristina tiene poco equipaje.
You see: Dudo que...
You say: *Dudo que Cristina tenga poco equipaje.*

1. No creo que...

2. Dudo que...

3. No pienso que...

4. Es dudoso que...

5. Mamá no cree que...

6. No creo que...

H **Recomendaciones.** *Your mother is wise and has a solution for everyone's problems. Form her recommendations using the cues provided. Repeat the correct response after the speaker.*

MODELO You hear: El novio de Ramona la trata muy mal.
You see: salir con otro
You say: *Recomiendo que salga con otro.*

1. tomar español

2. revisar los frenos

3. buscar trabajo

4. estudiar toda la noche

5. ir al doctor

6. hacer un viaje

7. acostarse temprano

8. comer una pizza

9. no dormirse en clase

I **Hable claro.** *You want to be sure that you understand your father's expectations. Listen to the question and answer according to the model. Repeat the correct response after the speaker.*

MODELO You see: aconsejar/estudiar más
You hear: Papá, ¿aconsejas que estudie más?
You see: ordenar
You answer: *No, hija, ordeno que estudies más.*

1. sugerir/ir a clase   *   insistir en

2. decir/salir con Pedro   *   prohibir

3. aprobar/fumar   *   prohibir

4. sugerir/limpiar mi cuarto   *   insistir en

5. aconsejar/pagar el dinero   *   ordenar

J **Los consejos.** *Like your mother you too, give sound advice. Listen to your friends' situations and give them the appropriate advice. Begin each sentence with* **Aconsejo que...** *Repeat the correct response after the speaker.*

MODELO You hear: La nueva chica de la clase me gusta mucho. Voy a hacer una fiesta el sábado. ¿Qué hago? ¿La invito? (Sí)
You say: *Aconsejo que la invites.*

Se for unplanned occurrences

K **¡Qué día más malo!** *You can't believe what a bad day everyone has had. Echo what they say. Repeat the correct response after the speaker.*

MODELO You hear: Se me quedó la cámara en casa.
You say: *¡Se te quedó la cámara en casa!*

Commands: *nosotros*

L **Preparativos para el viaje.** *Answer the questions using the cues provided. Follow the model and repeat the correct response after the speaker.*

MODELO You hear: ¿Cuándo quieren viajar?
You see: en el verano
You say: *Viajemos en el verano.*

1. hoy

2. el 2 de julio

3. el 10

4. el lunes

5. mañana

M **¿Qué hacemos?** *Practice* **nosotros** *commands with reflexive verbs by answering the following questions. In your answer, use the second verb in each pair. Repeat the correct response after each speaker.*

MODELO You hear: ¿Nos acostamos o nos bañamos?
You say: *Bañémonos.*

Nota cultural

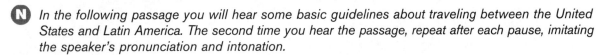

Cruzando *(Crossing)* la frontera *(border)* en Latinoamérica

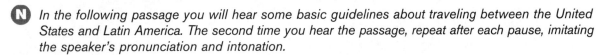 *In the following passage you will hear some basic guidelines about traveling between the United States and Latin America. The second time you hear the passage, repeat after each pause, imitating the speaker's pronunciation and intonation.*

Vocabulario útil

depende = *depends*	**actitud** = *attitude*	**humor** = *humor*
drogas = *drugs*	**ilegal** = *illegal*	**ignorar** = *to ignore*
factores = *factors*	**aparato** = *device*	**inspector** = *inspector*
cualquier = *any*	**descubrir** = *to discover*	

You will hear a series of incomplete statements about the passage. Circle the letter that corresponds to the correct conclusion of each statement. Everything will be read twice.

1. A   B   C

2. A   B   C

3. A   B   C

4. A   B   C

5. A   B   C

Lección

12 Busco un hotel que tenga...

Pronunciación

In Spanish a difference in stress can often reveal a difference in meaning. As you know by now, **hablo** means *I speak, I am speaking*, or *I will speak* whereas **habló** means *He spoke*. Stress in Spanish is governed by a few simple rules. Once you know them you will know how to pronounce any word you see written, and if you know how to pronounce the word, you will know if it needs a written accent.

If a word ends in a vowel, **n,** or **s,** the stress falls on the next-to-last syllable as in the following words.

hablas	**comen**	**aprendemos**	**coche**	**lentes**	**orden**

If a word ends in any other consonant, the stress falls on the last syllable as in the following words.

sabor	**arroz**	**animal**	**verdad**	**reloj**	**Uruguay**

If a word is pronounced in a way that violates either of these two rules, a written accent will be needed to indicate this. In the following examples the first rule is violated.

hablarás	**comerán**	**aprendí**	**cómodo**	**tabú**	**variación**

In the following examples the second rule is violated.

árbol	**Jiménez**	**dólar**	**álbum**	**lápiz**

Practiquemos

You will now hear the pronunciation of a series of words that are listed on the chart provided. Indicate if the stress is on the **última** (last syllable), **penúltima** (next-to-last syllable), or on the **antepenúltima** (the third syllable from the end). Then, in the chart that follows, write the word with an accent over the appropriate letter if necessary.

	Palabra	Antepenúltima	Penúltima	Última
1.	i-ma-gen		**x** no accent	
2.	es-ta			
3.	pu-dor			
4.	es-ta			
5.	co-mi-ca			
6.	a-gil			
7.	tran-qui-li-dad			
8.	sa-ta-nas			
9.	Ju-dit			
10.	a-gua-ma-nos			
11.	ce-re-bral			
12.	Pla-ton			
13.	hues-ped			
14.	al-mi-bar			

Diálogo

 The dialogue will first be read without pauses. As you listen, fill in the missing words. The dialogue will be read again with pauses so that you can fill in the words you didn't catch the first time, practice your pronunciation, and check your work.

En el hotel

En la recepción del hotel

HOMBRE: Buenos días, señorita. _____.

RECEPCIONISTA: Buenos días. ¿ _____?

HOMBRE: No, pero _____.

RECEPCIONISTA: En absoluto. ¿Qué tipo de habitación desean?

HOMBRE: _____, con baño y, si es posible, con vista al mar.

RECEPCIONISTA: ¿_____?

MUJER: A mí _____. Escoge tú.

HOMBRE: Pues, _____.

RECEPCIONISTA: ¿_____?

HOMBRE: Está bien. ¿Cuánto cuesta la habitación?

RECEPCIONISTA: Diez mil pesetas por noche con el desayuno incluido. Si quieren, también

_____.

MUJER: No, gracias. Sólo con el desayuno.

RECEPCIONISTA: ¿_____?

HOMBRE: No estamos seguros; posiblemente una semana.

RECEPCIONISTA: Muy bien. Denme sus pasaportes, por favor, y llenen esta tarjeta.

_____ los ayudará *(will help)* con el

_____. Pedro, por favor acompaña a los

señores a la habitación 504.

Le dan los pasaportes a la recepcionista.

HOMBRE: Aquí tiene, gracias.

RECEPCIONISTA: _____. Cualquier *(Any)* cosa que necesiten,

_____ directamente a la recepción.

MUJER: Gracias.

Cambio de habitación

MUJER: ¡Uf, qué _____! Voy a _____

_____. *(Y más tarde)* Intenté varias veces

pero este aparato *(machine)* no funciona.

HOMBRE: Entonces _____ y pídeles que nos den otra habitación.

MUJER: ¿Aló, señorita? _____ de la habitación 504.

Sí, hay un pequeño problema: el aire acondicionado no

_____ y queremos cambiarnos de cuarto.

Sí, en el mismo piso está bien. Gracias. *(A su esposo)* Dice que ahora

sube el botones para llevarnos al cuarto de al lado *(next door)*.

• • •

MUJER: Bueno, vamos a descansar un poco y luego, _____

la ciudad. Quiero probar una paella que _____

verdaderamente española. También _____

una discoteca adonde _____ los españoles, y no sólo

los turistas. No conozco a nadie que _____aquí

y quiero _____ cómo es la gente.

HOMBRE: Sí, yo conozco a un hombre que _____ español y

trabaja conmigo, pero ya no vive en España y por eso no sabe cómo es.

B **Comprensión.** *You will hear a series of incomplete statements based on the dialogue. When you hear the beep, indicate the word that completes each sentence.*

MODELO   You hear: Los señores no tienen…
            You indicate: *reservación.*

1. A. balcón   B. baño   C. botones
2. A. el almuerzo   B. el coche   C. el desayuno
3. A. a la recepcionista   B. al botones   C. al portero
4. A. grande   B. bonito   C. cómodo
5. A. sale   B. sube   C. se va
6. A. dormir   B. salir   C. relajarse
7. A. probar la comida   B. escuchar la música C. ver una película
8. A. nadar   B. bailar   C. jugar

Vocabulario

C **Asociaciones de palabras.** *You will hear a series of words. Underline the verb that logically corresponds to the word that you hear.*

MODELO   You hear: huésped
            You underline: *alojarse/acordarse*

1. salvar/desempacar
2. alojarse/acordarse
3. volar/nadar
4. prender/tomar
5. echar/sacar
6. empacar/dar
7. cobrar/funcionar
8. relajarse/tardar

© 2004 Heinle

D ¿A qué lugar pertenece? *You will hear a series of words. Indicate to what place they correspond by writing them in the appropriate column.*

	playa	correo	hotel
MODELO	_____	_____	permanecer
	_____	_____	_____
	_____	_____	_____
	_____	_____	_____
	_____	_____	_____
	_____	_____	_____
	_____	_____	_____

E ¿Quién lo dice? *Who said the following exchanges, the* **huésped** *or the* **recepcionista?**

MODELO   You hear: ¿Cuánto cuesta una doble?
              You circle: *huésped*

1. huésped   recepcionista
2. huésped   recepcionista
3. huésped   recepcionista
4. huésped   recepcionista
5. huésped   recepcionista

F Expresiones. *Match the word that you hear with the correct printed word(s) to form logical expressions.*

Vocabulario útil

parada = *stop*   **escalera** = *stairs*
aparato = *device*   **echar** = *to mail*

MODELO   You hear: pasta
              You write: *pasta* dental

1. _____ de taxi   6. _____ mecánica

2. _____ eléctrico   7. _____ de sol

3. _____ una carta   8. _____ doble

4. _____ de crédito   9. _____ acondicionado

5. _____ de viajero   10. _____ el sol

Forma y función

The present subjunctive in adjective clauses to express the indefinite and nonexistent

G **Eso busco yo.** *Every vacation attraction that this town has to offer is what Sandra is looking for. Form new sentences according to the cues provided. Repeat the correct response after the speaker.*

MODELO You see: <u>Tenemos</u> playas que *están limpias*.
You hear: Busco...
You say: *Busco playas que estén limpias.*

1. Aquí <u>hay</u> un hotel que *tiene* ocho piscinas.

2. Y <u>tiene</u> cuartos que *dan* a la playa.

3. <u>Ofrecemos</u> pensiones que no *cuestan* mucho dinero.

4. <u>Hay</u> una que *es* muy antigua.

5. Y <u>tiene</u> una recepcionista que *habla* inglés y español.

6. <u>Conocemos</u> un restaurante que *sirve* comida italiana.

7. <u>Hay</u> quioscos que *venden* revistas francesas.

H **¿Hay un hotel que...?** *You will hear a series of verbs. Combine the verb with the word(s) to inquire about hotels in the area. Repeat the correct response after the speaker.*

MODELO You see: ¿_____ en la playa?
You hear: estar
You ask: <u>*¿Hay un hotel que esté* en la playa?*</u>

1. ¿ _____ comida española?

2. ¿ _____ a un castillo *(castle)*?

3. ¿ _____ los precios en el verano?

4. ¿ _____ balcones?

5. ¿ _____ descuentos *(discounts)* a los mayores *(senior citizens)*?

6. ¿ _____ perros y gatos?

7. ¿ _____ famoso?

I **Comprando una casa.** *Listen to descriptions of what certain people want in a house. Write the letter of the drawing that corresponds to the description that you hear.*

A.

B.

D.

C.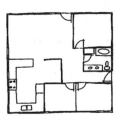

1. _____   3. _____

2. _____   4. _____

Ordinal numbers

J **¿En qué lugar llegó?** *You will hear a series of questions asking about the order in which these horses* (caballos) *crossed the finish line. Note the times on the chart, and fill in the chart by writing words for 1st, 2nd, etc. You will hear each question twice.*

MODELO ¿En qué lugar llegó Dante?
cuarto lugar

caballo	min./seg.	lugar
Bala Azul	7,15	
Lanzador	6,35	
Guerrero	6,40	
Dante	6,50	cuarto lugar
Estrella	6,48	
Cohete	7,01	
Trueno	6,59	
Danzón	7,12	

Comparatives and superlatives

K **Seleccionando el equipo (Choosing the team).** *Study the following student bios. Supply the soccer coach with the necessary information on the following students. Write the answers to the questions on the lines provided.*

MODELO You hear: Roberto estudia más horas que...
You say: *Guillermo.*

Pedro Otero

Edad *(age):* 16
Estatura *(height):* 5'4"
Peso *(weight):* 125 lbs
Promedio de notas *(grade point average):* 3.8
Deportes: béisbol, fútbol,
baloncesto *(basketball)*, natación *(swimming)*
Estudios: 4 horas al día

Roberto Gómez

Edad: 17
Estatura: 5'2"
Peso: 145 lbs
Promedio de notas: 3.1
Deportes: fútbol, baloncesto, natación
Estudios: 2 horas at día

Esteban Echeverría

Edad: 15
Estatura: 6'2"
Peso: 150 lbs
Promedio de notas: 3.25
Deportes: baloncesto, natación
Estudios: 4 horas al día

Guillermo Pérez

Edad: 16
Estatura: 5'7"
Peso: 180 lbs
Promedio de notas: 4.0
Deportes: fútbol, baloncesto
Estudios: 1 hora al día

-----

1. _____

2. _____

3. _____

4. _____

5. _____

6. _____

7. _____

Nota cultural

¿Cómo pasan el verano los españoles?

L *You will hear a brief passage describing what summer is like in Spain. The second time you hear the passage, repeat after each pause, imitating the speaker's pronunciation and intonation.*

Vocabulario útil

Castilla = *region in Spain*   **mínimo** = *minimum*   **establece** = *establishes*
montañas = *mountains*   **ley** = *law*
anual = *annual*   **europeos** = *European*

M *You will hear a series of statements about the passage. Indicate whether they are* **Cierto, Falso,** *or* **No se sabe.** *If the statement is false, correct it on the line provided. Each statement will be read twice.*

MODELO	You hear:	Hace calor en el norte de Castilla.
	You indicate:	*Falso. Hace fresco.*

	Cierto	**Falso**	**No se sabe**	
1.	_____	_____	_____	_____
2.	_____	_____	_____	_____
3.	_____	_____	_____	_____
4.	_____	_____	_____	_____
5.	_____	_____	_____	_____

13 ¡Ay, doctor!

Pronunciación

In Spanish the **ch** was considered one letter until 1994 when the Real Academia de la Lengua Española decided that it, along with the combination ll, would no longer be considered separate letters of the alphabet. **Ch** is pronounced like the combination of ch in the English word *church*, as in the following examples.

chico	chuleta	capucha	leche	dicho	chófer

Practiquemos

You will now hear a series of words that contain the **ch** sound in Spanish. Repeat each word after the speaker.

chocar	lechuga	ancho	chaqueta	coche
chorizo	cuchillo	provecho	marcha	colchón

Trabalenguas. You will now hear a popular Bolivian tongue twister that contains the **ch** sound in Spanish. The tongue twister will be said three times, the first two more slowly and with more pauses than the third.

Manuel Micho por capricho
mecha la carne de macho
y ayer le dijo un borracho
mucho macho mecha Micho

Diálogo

 The dialogue will first be read without pauses. As you listen fill in the missing words. The dialogue will be read again with pauses so that you can fill in the words you didn't catch the first time, practice your pronunciation, and check your work.

La salud

Una cita con la doctora

Suena el teléfono.

ENFERMERA: Buenos días, consultorio de la Dra. Silva.

SEÑORA: Buenos días, señorita. _____. Quisiera

_____ con la doctora lo más pronto posible.

ENFERMERA: ¿_____? ¿Quiere la cita para hoy?

SEÑORA: Sí, por favor. Es para mi hijo Pablito, el menor.

ENFERMERA: ¿Me puede decir _____?

SEÑORA: Pues, que no se le va la _____... Ya lleva varios días

tomando las _____ que le _____

la doctora y nada.

ENFERMERA: Sí, aquí tengo su ficha *(file card)*. ¿Algún otro problema?

SEÑORA: No tiene fuerzas *(strength)* para nada y _____.

ENFERMERA: Bueno. ¿Lo puede traer esta tarde a las dos?

SEÑORA: ¿No puede ser _____?

ENFERMERA: _____, pero la doctora no está aquí. La llamaron del hospital por

una _____ y no llegará hasta las dos.

SEÑORA: Bueno. ¿_____?

ENFERMERA: No, no es necesario. Estará aquí la doctora.

SEÑORA: Bueno. Gracias.

ENFERMERA: Hasta más tarde, Sra. Pineda.

SEÑORA: Adiós.

En el consultorio

DOCTORA: *(a Pablo)* Primero vamos a tomarte la temperatura. A ver, _____ y

mantén *(keep)* el termómetro debajo de la lengua. Así, muy bien. *(a la*

señora) ¿Cómo está Pablito de apetito?

SEÑORA: _____, doctora. Sólo sopa y frutas.

_____.

DOCTORA: No se preocupe, eso es bastante. Bueno, ahora veamos _____.

Ummmm. *(a Pablo)* Sí, tienes fiebre, pero muy poca, apenas unas décimas. A ver.

Desabróchate *(Unbutton)* la camisa, que quiero _____.

_____. Así. Muy bien. Ahora vamos a revisarte la

garganta. _____. Di «¡ahhhhhh!» Bueno, ya

puedes _____. *(a la señora)* No tiene nada serio, señora.

_____ y un poco inflamada la garganta, pero eso es todo.

SEÑORA: ¿Le sigo dando las mismas pastillas?

DOCTORA: No, ya no. _____.

• • •

SEÑORA: Muy bien. La verdad es que _____. Por eso

_____ a su consultorio. Yo sabía que Pablito

_____ otra forma de medicina.

DOCTORA: Sí, _____ dos casos iguales hoy. Con el antibiótico Pablito va a

_____ mucho mejor. Váyase a la farmacia y déle la receta al

farmacéutico. Y... no se preocupe. Estas enfermedades _____

fácilmente.

B **Comprensión.** *You will hear a series of incomplete statements based on the dialogue. Indicate the word(s) that correctly complete(s) each statement.*

MODELO   You hear: La doctora está en…
           You indicate: *el hospital.*

1. A. dolor de estómago   B. fiebre   C. dolor de cabeza
2. A. nerviosa   B. cansada   C. tranquila
3. A. antibióticos   B. jarabe   C. pastillas
4. A. inflamado   B. hinchado   C. congestionado
5. A. tomar la temperatura   B. toser   C. tomar pastillas
6. A. respira   B. respire   C. respiras

Vocabulario

C **Asociaciones de palabras.** *You will hear a series of words. Underline the verb that logically corresponds to the word that you hear.*

MODELO   You hear: enfermedad
           You underline: *curar/funcionar*

1. relajarse/recetar
2. operar/firmar
3. portarse/aliviar
4. sentirse/abrocharse
5. poner/prender
6. doler/toser
7. tomar/volar
8. respirar/doler

D **¿Qué les duele?** *(What's hurting them?) Practice using the verb **doler,** the indirect object pronoun, and the human body parts by appropriately filling in the speech bubbles. Follow the model. Repeat the correct response after the speaker.*

MODELO   You see:

         You say: *Me duele la nariz.*

1. _____

2. _____

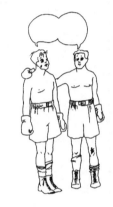

3. _____

4. _____

5. ¿_____?

6. _____

© 2004 Heinle

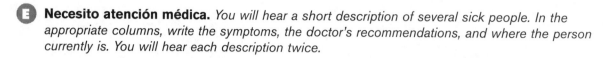

E **Necesito atención médica.** *You will hear a short description of several sick people. In the appropriate columns, write the symptoms, the doctor's recommendations, and where the person currently is. You will hear each description twice.*

Vocabulario útil

guardar cama = *to stay in bed*
infección = *infection*

Nombre	Síntomas	Acción o recomendación del médico	Lugar donde está el/la paciente
Juan	1. 2. 3. le duele la cabeza	1.	
Felicia	1. 2. 3.	1. 2. 3.	
Ricardo	1. 2.	1. 2.	
Josefa	1. 2. 3. 4.	1. 2.	

Forma y función

The past participle

F **¿Está todo hecho?** *Mr. Sánchez assures his wife that everything is taken care of. Answer the questions you hear according to the model. Repeat the correct response after the speaker.*

MODELO You hear: ¿Cerraste las ventanas?
You say: *Sí, las ventanas están cerradas.*

The present perfect and the pluperfect tenses

G **No, pero...** *Answer the questions you hear using the cues provided. Repeat the correct response after the speaker.*

MODELO You hear: ¿Has estudiado francés?
You see: aprender italiano
You say: *No, pero he aprendido italiano.*

1. comer enchiladas

2. practicar al béisbol

3. hacer la reservación

4. viajar a México

5. conseguir el mapa

6. ver la televisión

7. escribir las cartas

H **Ya...** *The sentences you will hear contain reflexive verbs. Answer the questions according to the model. Repeat the correct response after the speaker.*

MODELO You hear: ¿Ud. se prueba el suéter ahora?
You say: *No, ya me lo he probado.*

I **Ya me lo dijo.** *Your friend Daniel had already given you the following information. Follow the model and repeat the correct response after the speaker.*

MODELO You see: Los López compraron una casa.
You say: *Daniel me dijo que los López habían comprado una casa.*

1. El perro murió.

2. Yo conseguí un empleo.

3. Paquito se enfermó.

4. Roberto perdió el trabajo.

5. Cecilia cumplió quince años.

6. Yo hice un viaje a Chile.

7. Clara se fue para España.

Se to express passive action

J **¿Qué se hace en la clínica?** *Andrea wants to know what takes place in her father's clinic. Repeat the correct response after the speaker. Remember subject/verb agreement.*

MODELO   You hear: Venden jarabes y pastillas.
            You say: *Se venden jarabes y pastillas.*

Nota cultural

Latinoamérica: la contaminación y la salud

K *You will hear a short passage about Latin America and the health problems that are caused by pollution there. The second time you hear the passage, repeat after each pause, imitating the speaker's pronunciation and intonation.*

Vocabulario útil

creada = *created*   **fábricas** = *factories*   **echar** = *to put, to throw*
peligrosos = *dangerous*   **proteger** = *to protect*   **niveles** = *levels*
ríos = *rivers*   **lagos** = *lakes*   **desechos** = *waste*
mundial = *world* (adj.)   **leyes** = *laws*   **agua** = *water*
medio ambiente = *environment*   **bacterias** = *bacterias*

L *You will hear a series of statements about the passage. Indicate whether they are* **Cierto, Falso,** *or* **No se sabe.** *If the statement is false, correct it on the line provided. Each statement will be read twice.*

	Cierto	**Falso**	**No se sabe**	
1.	_____	_____	_____	_____
2.	_____	_____	_____	_____
3.	_____	_____	_____	_____
4.	_____	_____	_____	_____
5.	_____	_____	_____	_____
6.	_____	_____	_____	_____
7.	_____	_____	_____	_____

Lección 14

La vida deportiva

Pronunciación

The letter **ñ** in Spanish is pronounced like the **ni** in the English word *opinion*, as in the following examples.

España	**añejo**	**ñoño**	**señal**	**puño**	**señor**

Practiquemos

In Spanish a clear distinction is made between **ñ** and **n** followed by the vowel **i**. First listen and then repeat the following pairs of words or phrases. Each pair will be spoken twice.

1. España/Hispania
2. maña/Alemania
3. moño/demonio
4. ñame/Niágara
5. muñeco/niebla
6. ñu/ni usted
7. Coruña/Colonia
8. engaño/uranio

Diálogo

 The dialogue will first be read without pauses. As you listen, fill in the missing words. The dialogue will be read again with pauses so that you can fill in the words you didn't catch the first time, practice your pronunciation, and check your work.

El mundo de los deportes

¡Qué buen partido!

Dos amigos miran un partido de fútbol.

RICARDO: Qué buen partido, ¿no? Los Pumas _____.

¿Viste qué bien jugaron? Si siguen así, _____ el

campeonato.

MARCOS: Creo que exageras. Traen buen equipo, pero el América es

_____ y va en primer lugar.

RICARDO: ¿El América mejor que los Pumas? No _____ lo que dices.

El América perdió ayer contra el Guadalajara.

MARCOS: Es cierto. Pero jugaron sin su mejor jugador, porque estaba lesionado

(hurt). Pero con él _____ un solo juego en

toda la temporada.

RICARDO: Pues yo insisto en que los Pumas _____ este año.

MARCOS: Eso lo veremos. El próximo domingo se enfrentan contra el América y

entonces _____ quién es el campeón.

RICARDO: Mira, si gana el América _____ y a comer.

MARCOS: Y si ganan los Pumas te invito yo.

RICARDO: ¿Trato hecho? *(¿Deal?)*

MARCOS: ¡Trato hecho!

¿Futuras campeonas?

Un reportero le hace una entrevista a la entrenadora de básquetbol.

REPORTERO: Su equipo se ve *(looks)* muy bien. ¿Ya _____ las muchachas

para el próximo partido?

ENTRENADORA: Todavía _____ practicar algunas jugadas *(plays)*. Pero

físicamente las chicas están muy bien preparadas. Ayer se dedicaron

_____ a hacer ejercicios.

REPORTERO: ¿Y cómo _____ mentalmente?

ENTRENADORA: _____. Saben que si ganamos el sábado pasamos a la final.

REPORTERO: Este año han _____ muchos éxitos. Sin embargo, el año

pasado fue un fracaso. ¿Qué ocurrió?

ENTRENADORA: El año pasado teníamos un equipo nuevo y las chicas necesitaban

_____ de experiencia.

REPORTERO: ¿Cree usted que ganarán el campeonato?

ENTRENADORA: Primero _____ ganar el próximo partido.

REPORTERO: Pues les deseamos mucha suerte. El sábado todos _____

ahí para apoyar a nuestras muchachas. Gracias _____ su

tiempo.

ENTRENADORA: A usted. Adiós. ¡Vamos, muchachas, tenemos que seguir _____!

REPORTERO: En el ancho *(wide)* mundo del deporte, Jorge Arrespite.

• • •

Y, fuera de la cámara...

REPORTERO: Oiga, una cosa más. Quiero mirar su práctica. ¿Hasta qué hora estarán aquí?

ENTRENADORA: Bueno, las chicas _____ hasta que sepan bien todas las

nuevas jugadas. En cuanto las aprendan, _____ ir a

descansar.

REPORTERO: Pues, volveré _____ termine la práctica. Hasta pronto.

B **Comprensión.** *You will hear a series of incomplete sentences based on the dialogue. When you hear the beep, indicate the word or words that correctly complete each statement. Repeat the correct response after the speaker.*

> MODELO   You hear: Marcos cree que Ricardo...
> You indicate: *exagera.*
> You repeat: *Marcos cree que Ricardo exagera.*

1. A. un partido   B. el campeonato   C. los Juegos Olímpicos

2. A. el miércoles   B. el sábado   C. el domingo

3. A. a un partido de béisbol   B. a una fiesta   C. al cine y a comer

4. A. bailar   B. hacer ejercicios   C. nadar

5. A. optimistas   B. pesimistas   C. cansadas

6. A. comer algo   B. sentarse   C. seguir practicando

Vocabulario

C **Varios deportes.** *You will hear a series of words or expressions that are related to a particular sport. Write in the correct sport.*

You hear: dos hombres, guantes grandes, dañar, contar 1 a 10
You write: *el boxeo*

1. _____
2. _____
3. _____
4. _____
5. _____
6. _____

D **Asociaciones.** *You will hear various vocabulary words. Underline the verb that logically corresponds to the word or words that you hear.*

You hear: chiste
You underline: *reír*/*desarrollar*

1. dañar/exagerar

2. patinar/batear

3. lanzar/vencer

4. mirar/mejorar

5. enfrentarse/apoyar

6. andar/montar

E **Descripciones.** *You will hear descriptions of various people. Underline the adjective that best describes each person. Repeat the correct response after the speaker.*

You hear: El abuelo baila muy bien.
You underline: ágil/típico
You repeat: *El abuelo es ágil.*

1. típico/próximo

2. optimista/pesimista

3. optimista/pesimista

4. débil/fuerte

5. lastimada/activa

6. animado/deportivo

7. débil/fuerte

8. lastimado/activo

Forma y función

The future tense

F **En el futuro.** *You will hear questions that express future time with the construction* **ir a + infinitivo.** *Answer them affirmatively, using the future tense. Repeat the correct response after the speaker.*

MODELO You hear: ¿Vas tú a esquiar esta mañana?
You say: *Sí, yo esquiaré esta mañana.*

The future tense to express probability

G **Me pregunto (I wonder).** *You will hear a series of sentences that express wonder with the verb* **preguntarse**–*to wonder. Change the sentences to express wonder using the future tense. Repeat the correct response after the speaker.*

MODELO You hear: Me pregunto si viene a la fiesta.
You say: *¿Vendrá a la fiesta?*

Adverbs

H **¿Cómo corren?** *You will hear a series of phrases, each followed by an adjective. Form the appropriate adverb and tell how each person runs. Repeat the correct response after the speaker.*

MODELO You hear: La abuela corre.—lento
You say: *La abuela corre lentamente.*

The present subjunctive in adverbial clauses of time

I **¿Cuándo?** *You will hear a series of phrases. During the pause, underline the verb that correctly completes the sentence. Repeat the correct response after the speaker.*

MODELO You hear: Iremos al cine cuando José...
You see: A. llegue B. llegó C. llega
You underline and say: A. *llegue*. Iremos al cine cuando José llegue.

1. A. vuelva	B. vuelve	C. volvió
2. A. vuelva	B. vuelve	C. volvió
3. A. llame	B. llama	C. llamó
4. A. llame	B. llama	C. llamó
5. A. empieza a llover	B. empiece a llover	C. empezó a llover
6. A. empieza a llover	B. empiece a llover	C. empezó a llover
7. A. nieva	B. nieve	C. nevó
8. A. nieva	B. nieve	C. nevó
9. A. terminaste el trabajo	B. terminas el trabajo	C. termines el trabajo
10. A. terminaste el trabajo	B. terminas el trabajo	C. termines el trabajo

Nota cultural

Esquiando en Bariloche, Argentina

J *You will hear a short passage about a ski resort in Argentina. The second time you hear the passage, repeat after each pause, imitating the speaker's pronunciation and intonation.*

Vocabulario útil

Suiza = *Switzerland*	**gozar de** = *to enjoy*	**la belleza** = *beauty*
escalar = *to climb*	**la montaña** = *mountain*	**la fábrica** = *factory*
el lago = *lake*	**el bote** = *small boat*	**el ambiente** = *environment*
los Andes = *South American Mountain Range*		**el esquiador** = *skier*

K *You will hear a series of statements about the passage. Indicate whether they are* **Cierto, Falso,** *or* **No se sabe.** *If the statement is false, correct it on the line provided. Each statement will be read twice.*

	Cierto	Falso	No se sabe	
1.	_____	_____	_____	_____
2.	_____	_____	_____	_____
3.	_____	_____	_____	_____
4.	_____	_____	_____	_____
5.	_____	_____	_____	_____
6.	_____	_____	_____	_____
7.	_____	_____	_____	_____

© 2004 Heinle

Lección

15 Hay que divertirse

Pronunciación

The Spanish **p** is similar to the English **p,** but weaker and without the puff of air that follows the **p** in English. Listen to the following examples.

Paco   **prieto**   **culpa**   **columpio**   **rapto**

Practiquemos

Now place your index finger about one inch in front of your mouth and repeat the pairs of words, imitating the pronunciation of the speaker. The first word is in English; the second, in Spanish. Notice the difference in the amount of air released following the two pronunciations.

1. **pill/píldora**
2. **product/producto**
3. **camping/campo**
4. **please/placer**
5. **seep/poco**

6. **paste/pasta**
7. **pear/pera**
8. **port/oporto**
9. **pure/puro**
10. **option/opción**

Trabalenguas. You will now hear two short tongue twisters that contain the **p** in Spanish. You will hear each tongue twister three times, each time with fewer pauses.

1. Pepe Pecas pica papas con un pico.

2. De palta un plato, pidió el platero;
   De plomo un plinto, hizo el plomero.

Diálogo

 The dialogue will be read first without pauses. As you listen, fill in the missing words. The dialogue will be read again with pauses so that you can fill in the words you didn't catch the first time, practice your pronunciation, and check your work.

Día de recreo *(recreation)* en El Bosque

REPORTERO: Muy _____, amigos televidentes, y bienvenidos a otro segmento

de nuestro programa *Vida al aire libre.* Hoy, domingo, 15 de abril, nos

encontramos en el campo de recreo El Bosque, para mostrarles a ustedes

cómo los habitantes de nuestra ciudad descansan y se divierten después de

una intensa semana de trabajo._____ directamente al lago. Aquí,

como pueden ustedes observar, son varias las cosas que pueden hacerse,

como esa pareja *(couple)* que está _____, o aquella

familia _____. También se puede nadar, pero hoy, aunque

es un día soleado, todavía se siente un poco de frío ya que sólo estamos en

abril. Bueno, sigamos ahora por ahí a ver qué encontramos. Allí hay una pareja

curiosa: él monta en bicicleta y ella_____. Jóvenes, ¿me

permiten una pregunta?

LA JOVEN: Cómo no. Diga.

REPORTERO: ¿Ud. corre _____?

LA JOVEN: No, señor. No tengo el tiempo. Sólo _____ a correr

los fines de semana.

REPORTERO: ¿Y Ud.?

EL JOVEN: Yo también. Sólo sábados y domingos.

REPORTERO: ¿Y no _____ correr?

EL JOVEN: No. Prefiero montar en_____; es más divertido.

LA JOVEN: Pero correr es mejor ejercicio...

REPORTERO: ¡Adiós! ¡Gracias!... Bueno, por lo menos se saben divertir juntos *(together)*,

¿no? Pero sigamos...

© 2004 Heinle

Como pueden ver, hay mucha actividad. Pero no todos vienen a hacer

ejercicio. Hay mucha gente que sólo viene a descansar y a pasar un buen rato

(time) tranquilo. Ahí tienen, por ejemplo, a ese joven leyendo, a esos

muchachos tocando música y a esa señora que ha venido a

_____.

Pero también hay otras formas de divertirse, como la de esa

_____... Qué vista *(view)* más romántica, ¿no?

Amigos, la tarde es joven; no se queden en sus casas, aprovechen *(take advantage*

of) este hermoso día y vengan a El Bosque solos o con sus familias a pasar un

rato muy agradable.

Y nosotros nos despedimos hasta el próximo domingo, cuando les traeremos un

segmento más de *Vida*_____*libre*. ¡Hasta entonces!

• • •

El reportero habla con su director...

REPORTERO: Pues, ¿cómo salió el segmento?

DIRECTOR: Yo quería que tú hablaras con más personas y por más tiempo.

REPORTERO: Quería hablar más con los jóvenes pero tenía miedo de que siguieran su disputa. No me gustaba que se portaran así por la televisión.

DIRECTOR: Sí, sí. Tienes razón. Era necesario que terminaras la entrevista pronto.

B **Comprensión.** *You will hear a series of incomplete sentences based on the dialogue. When you hear the beep, indicate the word or words that correctly complete each statement. Repeat the correct response after the speaker.*

MODELO You hear: El reportero está en...
You indicate: un parque
You repeat: *El reportero está en un parque.*

1. A. recreo   B. golf   C. deportes

2. A. julio   B. abril   C. diciembre

3. A. sólo los martes   B. todos los días   C. los fines de semana

4. A. correr   B. montar a caballo   C. montar en bicicleta

5. A. leer y tomar la siesta B. bailar y cantar   C. correr y jugar

6. A. tomen una siesta   B. vengan a El Bosque   C. toquen música

Vocabulario

C **¿A qué animal me refiero?** *You will hear a description of various animals. Underline the word that logically corresponds to the description that you hear.*

MODELO   You hear: Un animal grande que come miel *(honey)* y duerme todo el invierno.
              You underline: *el mosquito/el oso*

1. la tortuga/el león

2. el tiburón/la rana

3. el elefante/el tigre

4. el mono/el mosquito

5. la tortuga/la rana

D **Definiciones.** *You will hear a series of definitions. Write in the word or words that logically correspond to each one.*

MODELO   You hear: dos personas
              You write: *una pareja*

A. un payaso   D. un lago   G. una estrella
B. una mochila   E. un volcán   H. un tiburón
C. un saco de dormir F. un desierto   I. un globo

1. _____   6. _____

2. _____   7. _____

3. _____   8. _____

4. _____   9. _____

5. _____

E **Asociaciones de palabras.** *You will hear a series of activities. Write in the word or words that logically correspond to each one. Repeat the correct response after the speaker.*

MODELO   You hear: hacer cámping
              You write: en las montañas
              You repeat: *Hacemos cámping en las montañas.*

A. un bosque   C. la paz y la tranquilidad   E. una tienda de campaña
B. el oso   D. un río   F. una montaña

1. _____

2. _____

3. _____

4. _____

5. _____

6. _____

Forma y función

The imperfect subjunctive

F **La forma del imperfecto del subjuntivo.** *You will hear a series of infinitives. Form the imperfect subjunctive of the first person singular* **(yo).** *Repeat the correct response after the speaker.*

MODELO You hear: comer
              You say: *comiera*

G **Un viaje familiar.** *You will hear a series of phrases and subjects. Form the imperfect subjunctive of each infinitive to correctly complete the phrase:* **Papá quería que...** *Repeat the correct response after the speaker.*

MODELO You hear: volver a casa/nosotros
              You say: *Papá quería que nosotros volviéramos a casa.*

The subjunctive in adverbial clauses of purpose and dependency

H **¿Quiénes lo hacen?** *You will here a series of phrases. In your manual, underline the verb that correctly completes the sentence. Repeat the correct response after the speaker.*

MODELO   You hear: Vamos al bosque para...
            You underline: *acampemos/acampar*
                 You say: *Vamos al bosque para acampar.*

1. esquiar/esquíe

2. esquiar/esquíe⁻

3. saber/sepa

4. decírselo a Susana/se lo digamos a Susana

5. salir/salgamos

6. ser tarde/sea tarde

7. poder pescar/pueda pescar

8. poder pescar/pueda pescar

Sequence of tenses I: The present and present perfect subjunctive

I **En el pasado.** *You will hear a series of sentences in the present subjunctive. Change the verb in the subordinate clause to the present perfect subjunctive. Repeat the correct response after the speaker.*

MODELO You hear: Espero que tú lo pases bien.
              You say: *Espero que tú lo hayas pasado bien.*

Nota cultural

Guatemala

J *You will hear a short passage about Guatemala. The second time you hear the passage, repeat after each pause, imitating the speaker's pronunciation and intonation.*

Vocabulario útil

costa = *coast*   **bello** = *beautiful*   **destruida** = *destroyed*
ruinas = *ruins*   **océano** = *ocean*   **siglo** = *century*
a principios = *at the beginning*   **profundo** = *deep*

K *You will hear a series of statements about the passage. Indicate whether they are **Cierto** or **Falso.** If the statement is false, correct it on the line provided. Each statement will be read twice.*

	Cierto	Falso	
1.	_____	_____	_____
2.	_____	_____	_____
3.	_____	_____	_____
4.	_____	_____	_____
5.	_____	_____	_____

Lección 16

16 Con todo mi corazón

Pronunciación

For English speakers of Spanish there is a tendency to pronounce the Spanish sequence **bs** as **bz** like in the English word *observe*. However, in Spanish the **b** before **s** is pronounced like **ps** as in the following words:

       observar   **absurdo**   **obsoleto**   **subsistencia**

Practiquemos

You will now hear a series of words that contain the combination **bs** in Spanish. Repeat each word after the speaker.

obstrucción	**abstenerse**	**absceso**	**obsesión**	**obstáculo**
absorber	**obstinado**	**abstracto**	**substraer**	**obstante**

You will hear a series of sentences with words containing the **bs** in Spanish. Repeat each sentence after the speaker, imitating the pronunciation and intonation as closely as you can. Each sentence will be spoken twice.

1. El médico observó el parto.

2. El cura lo absolvió del robo del obsequio.

3. Ese niño está obsesionado con las carreras de obstáculos.

4. El dentista obstinado miraba el absceso.

5. El gordo se abstuvo de comer caramelos por tres meses.

Diálogo

 The dialogue will first be read without pauses. As you listen, fill in the missing words. The dialogue will be read again with pauses so that you can fill in the words you didn't catch the first time, practice your pronunciation, and check your work.

Preparativos para la boda

ELENA: Sólo faltan dos semanas para nuestra boda y todavía queda tanto por hacer. ¡Esto es una locura! No entiendo por qué _____ una boda tan grande.

MAMÁ: No_____, hijita. Todo va a salir muy bien.

ELENA: Lo que pasa es que me siento muy nerviosa, sobre todo respecto a la recepción. Papá, ¿ya _____ lo de la orquesta?

PAPÁ: Sí, hijita, eso ya está resuelto *(resolved)*. _____ a una banda muy buena; tocan de todo, música tradicional para nosotros los viejos y música moderna para ustedes.

ARTURO: Una combinación perfecta. ¿Y cómo anda lo de la comida?

MAMÁ: Eso también ya está listo. _____ la comida en el patio y vamos a decorar todo bien bonito.

ELENA: ¡Uy! Lo único que faltaría es que ese día _____ _____.

ARTURO: Elenita, por favor, no _____ pesimista. Vas a ver que ese día hará un sol maravilloso.

ELENA: ¡Ojalá! Dicen que es mala suerte _____ cuando llueve.

PAPÁ: ¡Tonterías! *(Foolishness!)* Tu madre y yo nos casamos con lluvia y mira... ¡todavía juntos y felices!

ARTURO: Con lluvia o con sol, también nosotros vamos a ser felices, ¿_____, mi amor?

• • •

ELENA: De todas formas me gustaría que hiciera buen tiempo. Es un día muy especial para nosotros y sólo ocurre una vez en la vida.

ARTURO: Sí, pero no te olvides de una cosa. Si lloviera, podríamos comer adentro. ¡No es para tanto! Cariño, tienes que estar más tranquila.

MAMÁ: Arturo tiene razón. Hablas como si fueras una niña de diez años. Sería mucho mejor que te calmaras e hicieras un esfuerzo para gozar de esta experiencia especial.

© 2004 Heinle

B **Comprensión.** *You will hear a series of incomplete sentences based on the dialogue. When you hear the beep, indicate the word or words that correctly complete each statement. Repeat the correct response after the speaker.*

MODELO   You hear: La boda de Elena va a ser muy...
             You indicate: *grande*
             You repeat: *La boda de Elena va a ser muy grande.*

1. A. dos días   B. dos semanas   C. dos años

2. A. cansada   B. feliz   C. nerviosa

3. A. clásica   B. folklórica   C. moderna

4. A. el patio   B. el jardín   C. el salón

5. A. llueve   B. hace sol   C. nieva

Vocabulario

C **Sinónimos y antónimos.** *You will hear a series of words. For each one, choose a synonym and an antonym from the lists below. Repeat the correct answer after the recording.*

MODELO   You hear: salir bien
             You say: *sinónimo: tener éxito*
                          antónimo: fracasar

Sinónimos posibles	**Antónimos posibles**
comprometerse	la ilusión
la verdad	el divorcio
reñir	odiar
querer	hacer las paces
la pareja casada	llevarse bien
luchar	romper

D **Definiciones.** *You will hear a series of definitions. Write in the word or words that logically correspond to each one.*

MODELO   You hear: dos personas casadas
             You write: *el matrimonio*

A. los invitados   B. la soledad   C. el noviazgo   D. la iglesia
E. la orquesta   F. el sentido del humor G. el amor   H. la luna de miel

1. _____

2. _____

3. _____

4. _____

5. _____

6. _____

7. _____

8. _____

E **¿Positivo o negativo?** *You will hear a series of words that reflect positive or negative attributes. Indicate where they belong by writing them in the appropriate column.*

Positivo	Negativo
MODELO _____	_____ reñir _____
_____	_____
_____	_____
_____	_____
_____	_____
_____	_____
_____	_____

Forma y función

The conditional

F **Si yo fuera rico. (If I were rich.)** *You will hear a series of phrases. Form the conditional of each infinitive to tell what you would do if you were rich. Complete the following sentence:* **Si yo fuera rico(a)...** *Repeat the correct response after the speaker.*

MODELO You hear: comprar una casa en la playa
You say: *yo compraría una casa en la playa.*

G **¿Qué le dijo el novio a la novia?** *You will hear a series of phrases. Form the conditional of each infinitive to tell what the groom told the bride before the wedding. Complete the following sentence:* **El novio dijo que...** *Repeat the correct response after the speaker.*

MODELO You hear: ayudar en la casa
You say: *ayudaría.*
You repeat: *El novio dijo que ayudaría en la casa.*

Conditional (if) clauses

H **Con condiciones.** *You will hear a series of conditional clauses. Underline the verb that correctly completes the sentence. Repeat the correct response after the speaker.*

MODELO You hear: Si Juan me invita, yo...
You underline: *iría/iré*
You repeat: *Si Juan me invita, yo iré.*

© 2004 Heinle

1. invito/invitara

2. se divorciarán/se divorciarían

3. dímelo/me lo dirías

4. vendrán/vendrían

5. es hispano/fuera hispano

6. bailaré/bailaría

7. saldremos/saldríamos

8. salen/saldrían

Sequence of tenses II: The imperfect subjunctive

I **Los tiempos correctos.** *You will hear a series of cues. Choose the correct phrase from the choices below. Repeat the correct response after the speaker. For the first set of sentences, choose between these two possibilities.*

que todo salga bien.   OR   que todo saliera bien.

Now, for the second set of sentences, choose from the following possibilities.

que la boda empiece a tiempo.   OR   que la boda empezara a tiempo.

J **En el pasado.** *You will hear a series of sentences in the present tense. Change each sentence to the past tense according to the cues you hear. Repeat the correct response after the speaker.*

MODELO   You hear: Es bueno que tú puedas venir a la boda. (Era bueno)
             You say: *Era bueno que tú pudieras venir a la boda.*

Nota cultural

El noviazgo en el mundo hispano

K *You will hear a short passage about courtship in the Hispanic world. The second time you hear the passage, repeat after each pause, imitating the speaker's pronunciation and intonation.*

Vocabulario útil

hace igual = *does the same thing*   **el paso** = *step*   **la bendición** = *blessing*

L *You will hear a series of statements about the passage. Indicate whether they are **Cierto** or **Falso.** If the statement is false, correct it on the line provided. Each statement will be read twice.*

	Cierto	**Falso**	
1.	_____	_____	_____
2.	_____	_____	_____
3.	_____	_____	_____
4.	_____	_____	_____
5.	_____	_____	_____
6.	_____	_____	_____

© 2004 Heinle

Lección 17 Problemas sentimentales

Pronunciación

In Spanish, as in English, the **q** is always followed by the letter **u.** It is pronounced as a hard **c** (/k/) in Spanish, as in the following examples.

que	aquí	quiere	queso

Practiquemos

You will now hear a series of words that contain **qu.** Repeat the words after the speaker.

pique	esquina	busqué	arquitecto	queja
taquilla	trueque	química	orquesta	Quijote

You will now hear a series of phrases containing the **qu.** Repeat each phrase after the speaker, imitating the pronunciation and intonation as closely as you can. Each phrase will be spoken twice.

1. Quiero que me lleves al bosque del parque.

2. El químico no quiso quedarse quieto.

3. Se quebró la quilla del buque del duque.

4. A mi querido pequeño se le quemaron las quesadillas.

Diálogo

© 2004 Heinle

A *The dialogue will first be read without pauses. As you listen, fill in the missing words. The dialogue will be read again with pauses so that you can fill in the words you didn't catch the first time, practice your pronunciation, and check your work.*

La riña

PILAR: He visto una casa preciosa _____ la Facultad de Derecho.

CARLOS: ¿Para qué quieres una casa cerca de la universidad si ya encontramos una cerca de mi trabajo?

PILAR: Tú sólo piensas en ti y nunca te acuerdas de lo que yo _____.

CARLOS: No _____ a quejarte. Pues, tú ya sabes que tu deber es ser ama de casa y dejarme a mí hacer mi trabajo.

PILAR: ¿A qué quieres someterme? ¿A estar embarazada, _____, criar hijos y ser tu obediente _____?

CARLOS: No, no es eso. Pero la feminidad obliga a hacer un papel en el hogar, como cuidar a los niños.

PILAR: Carlos, no creo lo que oigo. No eres el mismo Carlos _____ me enamoré. Todo lo que dices es un mito machista. Lo que intentas es que yo _____, sumisa y obediente.

CARLOS: Pero la masculinidad del hombre requiere que su mujer esté en casa haciendo las tareas _____.

PILAR: Estás loco. Sacas tus ideas de la Edad Media. Yo soy muy sociable y me gusta trabajar, y si tú piensas dominar el matrimonio, _____ al divorcio.

CARLOS: Pilar, no _____ riñas inútiles porque enojarse trae malas consecuencias.

PILAR: Yo sólo quiero poner mis pensamientos *(thoughts)* claros y no quiero que te enfades, porque si quieres casarte conmigo, _____ llegar a un acuerdo.

CARLOS: Seré flexible si tú cumples con tus deberes y no olvidas tus sentimientos maternos.

PILAR: Pues claro que no olvidaré mis deberes. Hay soluciones muy sencillas, por ejemplo, las guarderías infantiles para los niños. Así que puedo seguir estudiando y luego trabajar sin problema. Pero tampoco debes olvidar tus sentimientos paternos —del hombre moderno, _____. Me ayudarás con los niños y con todo el trabajo de la casa mitad y mitad.

CARLOS: Trato hecho *(Deal)*. Pero oye, otra cosa. Tú sabes que soy un poco celoso. Prométeme que no vas a ser coqueta en tu trabajo.

PILAR: No _____ tonto. Tú eres el único que amo. Además, con los estudios, los niños y el trabajo, no tendré ni tiempo ni energía para mirar a otros hombres.

CARLOS: Bueno, mi amor... y ahora... ¿Dónde dices que está esa casa?

• • •

PILAR: ¡Qué bien! Lo bueno es que es bastante grande, pero el precio es muy razonable. Hay tres alcobas, una pequeña y dos grandes, y dos baños. El mío es azul con una bañera enorme y el tuyo es blanco y gris con una ducha nueva.

CARLOS: Lo cierto es que sí, tú necesitas tu propio baño. Voy a llamar a José, un amigo mío que es agente de bienes raíces *(real estate)*. Él podrá ayudarnos.

B **Comprensión.** *You will hear a series of incomplete sentences based on the dialogue. When you hear the beep, indicate the word or words that correctly complete(s) each statement. Repeat the correct response after the speaker.*

MODELO   You hear: Pilar y Carlos tienen una...
           You indicate: *riña.*
           You repeat: *Pilar y Carlos tienen una riña.*

1. A. Medicina   B. Derecho   C. Filosofía

2. A. ridículo   B. feminista   C. machista

3. A. se divorciarán   B. se harán las paces   C. pelearán

4. A. sumiso   B. rígido   C. flexible

5. A. un divorcio   B. otra luna de miel   C. una guardería infantil

6. A. el trabajo de la casa   B. el coche   C. los planes para una fiesta

Vocabulario

C **Sinónimos y antónimos.** *You will hear a series of words. For each one, choose a synonym and an antonym from the list below. The answers are on the recording.*

MODELO You hear: dominar
You say: *sinónimo: someter*
antónimo: liberar

Sinónimos posibles	Antónimos posibles
la ilusión	flexible
llegar a un acuerdo	el caballero
la dama	perder
luchar	hacer las paces
vencer	la realidad
inflexible	oponerse

D **Definiciones.** *You will hear a series of definitions. Write in the word or words that logically correspond to each one.*

MODELO You hear: una persona del género femenino
You write: *la dama*

A. inútil   B. obediente   C. el lazo   D. el ama de casa
E. dar a luz   F. llegar a un acuerdo   G. dominar   H. la faena

1. _____   5. _____

2. _____   6. _____

3. _____   7. _____

4. _____   8. _____

E **Más sinónimos.** *You will hear a series of words. Underline the synonym.*

MODELO You hear: luchar
You underline: *criar/pelear*

1. luchar/discriminar   6. la mujer/el macho

2. comportarse/enfadarse   7. la mitad/la pelea

3. votar/ganar   8. con referencia a/contra

4. forzar/criar   9. escribir una carta/jugar un papel

5. el lazo/la faena   10. mandar/cooperar

Forma y función

Review of the subjunctive mood

F **Los mandatos.** *You will hear a series of statements about the faults of Rosa's husband Roberto. Change each negative statement to an affirmative informal* **(tú)** *command, and change each affirmative statement to a negative informal* **(tú)** *command to find out how Roberto could improve. Repeat the correct response after the speaker.*

MODELO You hear: Roberto no ayuda en la casa.
You say: *Roberto, ¡ayuda en la casa!*

G **La oposición.** *You will hear a series of phrases. Complete each one with the correct phrase from the choices below. Repeat the correct response after the speaker.*

MODELO You hear: Sería horrible que el presidente...
You choose: no se opusiera a la decisión
You say: *Sería horrible que el presidente no se opusiera a la decisión.*

no se opone a la decisión   no se oponga a la decisión   no se opusiera a la decisión

Adjectives used as nouns

H **El interesante.** *You will hear a series of nouns modified by adjectives. Simplify the phrases, using the adjective in place of the noun. The answers are on the recording.*

MODELO You hear: el hombre machista
You say: *el machista*

The stressed form of possessive adjectives

I **Los adjetivos míos.** *You will hear a series of nouns modified by the simple form of the possessive adjective. Replace each possessive adjective with the corresponding stressed form. Repeat the correct response after the speaker.*

MODELO You hear: sus peleas
You say: *las peleas suyas*

Possessive pronouns

J **De acuerdo.** *You will hear a series of statements. Agree with them, substituting the noun for the possessive pronoun. Repeat the correct response after the speaker.*

MODELO You hear: Mi marido es liberal.
You say: *El mío es liberal también.*

Nota cultural

Romeo y Julieta

K *You will hear a short passage about a typical problem for young lovers in much of Latin America. The second time you hear the passage, repeat after each pause, imitating the speaker's pronunciation and intonation.*

Vocabulario útil

el cerro = *hill*   **cogidos de la mano** = *holding hands*   **bancos** = *benches*

L *You will hear a series of statements about the passage. Indicate whether they are* **Cierto** *or* **Falso.** *If the statement is false, correct it on the line provided. Each statement will be read twice.*

       Cierto   **Falso**

1. _____   _____   _____

2. _____   _____   _____

3. _____   _____   _____

4. _____   _____   _____

Lección

18 Celebraciones

Pronunciación

In many parts of Spain the **z** is pronounced somewhat like the **th** in the English word *thimble*, as in the following examples.

    razón   **raza**   **zumbido**   **zócalo**   **zorro**

In these same regions the **c** before **i** or **e** is also pronounced like the **th** in the English word *thimble*, as in the following examples.

    cielo   **cero**   **ciencia**   **cáncer**   **alguacil**

Although you will probably not use this pronunciation, you ought to be aware of it and become familiar with it.

Practiquemos

You will now hear a series of words that contain the **z** or the combinations **ce** and **ci** in Spanish. These words are included below. Repeat each word after the speaker.

    1. cruz
    2. cementerio
    3. disfraz
    4. celebrar
    5. felicidad
    6. suceder
    7. villancico
    8. sencillo
    9. feliz
   10. rezar

Diálogo

 The dialogue will first be read without pauses. As you listen, fill in the missing words. The dialogue will be read again with pauses so that you can fill in the words you didn't catch the first time, practice your pronunciation, and check your work.

A bailar

GRACIELA: ¡Qué divertida está _____, Ramiro!

RAMIRO: Gracias. Tú no has dejado de bailar un solo minuto.

GRACIELA: Es que esta música _____.

JOSÉ: _____. Tus discos están buenísimos.

RAMIRO: Los trajo Gonzalo, un amigo de la universidad. ¿Ya _____

_____?

GRACIELA/JOSÉ: No, aún no.

RAMIRO: ¿No? Les va a encantar. Miren, ahí está. Gonzalo,

_____ aquí un momentito. Quiero presentarte a

unos buenos amigos... Graciela...

GRACIELA: _____.

RAMIRO: José.

GONZALO: _____.

JOSÉ: Encantado.

RAMIRO: Con permiso. Quiero ir a _____ por más refrescos. José,

¿me ayudas?

JOSÉ: Sí, claro.

José y Ramiro se van.

GRACIELA: Ramiro nos dijo que estudias con él en la universidad.

GONZALO: Sí, estamos juntos en una clase de _____. ¿Tú estudias?

GRACIELA: No, yo trabajo. Hace un año que enseño en una escuela para niños.

GONZALO: Debe de ser muy interesante.

GRACIELA: Y difícil.

GONZALO: _____.

GRACIELA: Este disco que están _____ ahora es tuyo, ¿no?

GONZALO: Sí. ¿Te gusta?

GRACIELA: Sí, este tipo de música me _____ mucho; sobre

todo para bailar.

GONZALO: Claro. Entonces, ¿por qué no bailamos?

GRACIELA: Buena idea. ¡Vamos!

Gonzalo y Graciela empiezan a bailar. Mientras tanto, Pablo, otro invitado, ve a una amiga.

PABLO: María, ¡qué gusto _____! Pensé que estabas en la capital.

MARÍA: Regresé esta mañana. Me encontré con la invitación de Ramiro y aquí estoy.

PABLO: Acabas de llegar a la fiesta, ¿no?

MARÍA: Sí, hace unos minutos. ¿Cómo está la fiesta?

PABLO: Ya lo ves, ¡fabulosa! ¿Quieres servirte un poco de vino?

MARÍA: Ahora no, gracias. Primero quiero ir a saludar a Ramiro.

PABLO: Yo voy a _____.

Entra Ramiro

RAMIRO: ¡Un momento de atención, por favor! Propongo un brindis en honor de

nuestros queridos amigos Carlota y Ramón. Vengan aquí, por favor. No sé

cuántos de Uds. ya saben la noticia de que Carlota y Ramón se casan.

Brindemos por la _____ de los novios. ¡Salud y

que sean muy felices!

TODOS: Salud.

• • •

Carlota y Ramón se miran y se besan.

CARLOTA: Gracias, queridos amigos nuestros. La verdad es que siempre soñaba con

conocer a un hombre como Ramón. Y el año pasado, aquí mismo en una

fiesta de Ramiro, Ramón y yo nos vimos por primera vez.

RAMÓN: Fue un flechazo. Ahora, exactamente un año después de conocernos,

tenemos el gran placer de compartir nuestras felices noticias con todos Uds.

TODOS: ¡Enhorabuena!

© 2004 Heinle

B **Comprensión.** *You will hear a series of incomplete sentences based on the dialogue. When you hear the beep, indicate the word or words that correctly complete each statement. Repeat the correct response after the speaker.*

> **MODELO**   You hear: La fiesta es…
>   You indicate: *divertida.*
>   You repeat: *La fiesta es divertida.*

1. A. fascina   B. molesta   C. encanta
2. A. los discos   B. los refrescos   C. los cassettes
3. A. vino   B. queso   C. refrescos
4. A. universidad   B. escuela para niños   C. escuela secundaria
5. A. ayer   B. esta mañana   C. hace dos días
6. A. todos   B. sus padres   C. los novios

Vocabulario

C **Muy expresivo.** *You will hear a series of common expressions in Spanish. In the space provided, write the expression that logically corresponds to each drawing.*

1. _____

2. _____

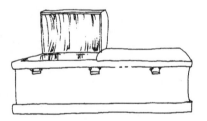

3. _____

4. _____

5. _____

D **¿Qué hay de extraño?** *You will hear a series of statements about a variety of situations, some which do not seem logical. Indicate on the chart provided if the situation is* **Probable** *(likely) or* **Improbable** *(unlikely). You will hear each statement twice.*

	Probable	**Improbable**
1.		
2.		
3.		
4.		
5.		
6.		
7.		
8.		

E **¿A qué se refiere?** *You will hear a series of words and expressions. Write each one in the column under the event to which it best corresponds. There may be more than one possibility for some of the words mentioned.*

El Día de los Muertos (Los hispanos recuerdan a sus queridos muertos.)	La Navidad	El Día del Santo (Es como el cumpleaños.)
_____	_____	_____
_____	_____	_____
_____	_____	_____
_____	_____	_____
_____	_____	_____
_____	_____	_____
_____	_____	_____
_____	_____	_____

Forma y función

Review of the use of the preterite and imperfect

F **Primero, la forma.** *You will hear a series of infinitives. Form the preterite and then the imperfect of each verb for the third person singular to find out what Paco did and was doing or used to do. The answers are on the recording.*

> **MODELO** You hear: ir
> You say: *Paco fue. Paco iba.*

G **En el pasado.** *You will hear a series of sentences in the past, followed by a cue. Repeat the sentence, replacing the word in the first sentence with the cue you hear. You may need to change the verb from the preterite to the imperfect or vice versa, according to the cue you hear. Repeat the correct response after the speaker.*

> **MODELO** You hear: Ayer, fui a la playa. (de niña)
> You say: *De niña, iba a la playa.*

Reciprocal actions with *se*

H **¿Qué se hace en la boda?** *You will hear a series of infinitives. Conjugate them using the reciprocal construction according to the cues you hear to find out what people do to each other at a wedding. Repeat the correct response after the speaker.*

> **MODELO** You hear: mirarse con pasión: los novios
> You say: *Los novios se miran con pasión.*

Nota cultural

La quinceañera

I *You will hear a short passage about a traditional party that is celebrated throughout the Hispanic world. The second time you hear the passage, repeat after each pause, imitating the speaker's pronunciation and intonation.*

Vocabulario útil

> **varía** = *varies*

J *You will hear a series of statements about the passage. Indicate whether they are* **Cierto** *or* **Falso.** *If the statement is false, correct it on the line provided. Each statement will be read twice.*

Cierto	Falso	
1. _____	_____	_____
2. _____	_____	_____
3. _____	_____	_____
4. _____	_____	_____
5. _____	_____	_____
6. _____	_____	_____

© 2004 Heinle